797,885 Books

are available to read at

www.ForgottenBooks.com

Forgotten Books' App
Available for mobile, tablet & eReader

ISBN 978-0-259-05902-8
PIBN 10707948

This book is a reproduction of an important historical work. Forgotten Books uses
state-of-the-art technology to digitally reconstruct the work, preserving the original format
whilst repairing imperfections present in the aged copy. In rare cases, an imperfection in
the original, such as a blemish or missing page, may be replicated in our edition. We do,
however, repair the vast majority of imperfections successfully; any imperfections that
remain are intentionally left to preserve the state of such historical works.

Forgotten Books is a registered trademark of FB &c Ltd.
Copyright © 2017 FB &c Ltd.
FB &c Ltd, Dalton House, 60 Windsor Avenue, London, SW19 2RR.
Company number 08720141. Registered in England and Wales.

For support please visit www.forgottenbooks.com

1 MONTH OF
FREE
READING

at

www.ForgottenBooks.com

By purchasing this book you are
eligible for one month membership to
ForgottenBooks.com, giving you
unlimited access to our entire
collection of over 700,000 titles via
our web site and mobile apps.

To claim your free month visit:

www.forgottenbooks.com/free707948

* Offer is valid for 45 days from date of purchase. Terms and conditions apply.

English
Français
Deutsche
Italiano
Español
Português

www.forgottenbooks.com

Mythology Photography **Fiction**
Fishing Christianity **Art** Cooking
Essays Buddhism Freemasonry
Medicine **Biology** Music **Ancient**
Egypt Evolution Carpentry Physics
Dance Geology **Mathematics** Fitness
Shakespeare **Folklore** Yoga Marketing
Confidence Immortality Biographies
Poetry **Psychology** Witchcraft
Electronics Chemistry History **Law**
Accounting **Philosophy** Anthropology
Alchemy Drama Quantum Mechanics
Atheism Sexual Health **Ancient History**
Entrepreneurship Languages Sport
Paleontology Needlework Islam
Metaphysics Investment Archaeology
Parenting Statistics Criminology
Motivational

G L.
Spanish
Callejon
1. 11. '55
84802

A la Excma. Diputación provincial
DE ALICANTE

A V. E., representación genuína de esta provincia, cuyos altos intereses le están confiados, y á cuya mayor prosperidad y enaltecimiento ha de dedicar V. E. todo su afán, hemos de ofrecer el pequeño volumen de biografías de ALICANTINOS ILUSTRES que damos á la publicidad, ya que ningún nombre puede apadrinar con más justicia un libro en que se cantan glorias de la provincia de Alicante, que el nombre de una Corporación popular que debe hacer suyas las glorias y grandezas que invocamos.

Dígnese V. E. aceptar la dedicatoria de estos APUNTES BIOGRÁFICOS, siquiera como recuerdo de honor á los preclaros hijos de esta provincia, cuya valía han pretendido hacer resaltar en estas mal pergeñadas páginas,

LOS AUTORES

Alicante, Enero de 1889.

PRÓLOGO

Es innegable que, en nuestros días, las ciencias históricas han recibido notable impulso y gran mejoramiento; progreso que, en épocas anteriores, estaba muy lejos de ser previsto por aquéllos que consagraban sus desvelos á perpetuar en sus escritos los hechos que servir pudieran á moralizar é instruír al pueblo.

Si alguno, mal avenido con el progreso moderno, dudase de esta verdad, que anotamos resueltamente al frente de estas líneas, para persuadirles de su error, bastaría sólo considerar la bondad de las fuentes donde los historiadores contemporáneos toman los datos sobre que fundan sus narraciones, las cuales son muy distintas, en autoridad y crédito, de aquéllas que los antiguos utilizaron. La exposición sencilla, escueta, de estas notables diferencias, demostrará, bien ostensiblemente, la manera diferente de cómo se escribe la historia en nuestros días y cómo en los pasados tiempos.

En la Edad Media, los pueblos carecían del movimiento de relación que distingue la vida en la Sociedad moderna; aisladas las comarcas y aun los pueblos entre sí, las miras del escritor, generalmente, hallábanse limitadas á narrar los hechos acaecidos en su comarca; así, de aquellas edades subsisten gran número de narraciones que versan sobre hechos aislados; cronicones, en cuyas páginas con frecuencia se leen desvíos de una imaginación soñadora, descarriada por ciega credulidad ó por excesiva buena fe. La falta de criterio científico en la adopción de los materiales para escribir la historia, hacía á éstos deficientes, de donde nacieron gran número de errores, inconcebibles muchos de ellos ante la luz de la razón, fábulas que en vano se procura hoy desterrar, pues ellas han tomado de antiguo carta de naturaleza en las tradiciones populares y se transmiten, sin interrupción, de siglo á siglo: sirva de ejemplo aquella antigua leyenda, cantada por poetas y trovadores, del Rey Don Rodrigo y la hermosa Cava, por cuyos ilícitos amores le vino su perdición á aquel Rey, y la ruína de la Monarquía goda; también puede servir de ejemplo el fabuloso personaje Obispo D. Opas, con los discursos que los historiadores ponen en su boca, y, sobre todo, con el cuento del tributo de las cien doncellas.

A la excesiva buena fe de la Edad Media, sucedieron, por contrario imperio, alardes de erudición que dieron origen á voluminosos cronicones, en cuyas páginas se mezclaban, con mal acomodado maridaje, citas y anotaciones de escritores, así sagrados como profanos. Como frutos de aquellos atildados ingenios, vieron la luz pública gran número de abultados volúmenes, en los que, como procedimiento de investigación, aducíanse, con profusión, textos bíblicos, sentencias de los Santos Padres y también decisiones de los Concilios; sirva de ejemplo la conocida Crónica de la Ciudad de Alicante, del popular Deán Bendicho, cuyas páginas se hallan recargadas de citas y anotaciones de autores eclesiásticos.

Más científicos y mucho más razonables los autores modernos, sin negar importancia y respeto á las tradiciones populares, ni dejar de tener como buenas y pertinentes las saludables enseñanzas de la moral, atienden, en primer lugar y con especial interés, á la arqueología, numismática, cronología y otros conocimientos similares, considerándolos como verdaderas fuentes, á las que se debe acudir, si con acierto se ha de escribir la historia. Á ella presta valiosísimo concurso, como poderoso auxiliar, la biografía, que relata minuciosamente la vida de personajes ilustres, consignando sus merecimientos, dando cuenta, además, de ciertos detalles íntimos, y si se quiere privados, con el fin de hacer, de aquéllos, sus fieles retratos.

Bajo este concepto, la biografía era poco estimada de los antiguos historiadores; entonces, solo la adulación estimulaba al ambicioso á escribir las hazañas del poderoso, cuya protección solicitaba; generalmente, éstos eran, casi siempre, Monarcas ó Príncipes de regia estirpe: los hijos del pueblo, que por su ingenio ó ennoblecidos por sus virtudes, se elevaban sobre el nivel de las gentes, jamás merecían el honor de ser biografiados.

Los tiempos han variado, y la justicia se ha impuesto. Los pueblos hoy caminan guiados por derroteros más fáciles de surcar, inducidos por ideas y procedimientos más en armonía con los eternos principios de la equidad. Naturaleza ha repartido sus dones con igualdad suma, y el ingenio y la virtud no son, ni pueden ser, patrimonio exclusivo de determinadas clases. A impulsos de tan consoladora verdad, ya son dignos de la biografía todos los que, á raiz de merecimientos, se elevaron á gran altura sobre el pedestal de la justa fama; y ello ha producido el desarrollo grande que en estos tiempos han alcanzado los estudios biográficos.

Alicante no debía, ni podía, permanecer indiferente á las corrientes de general afición por la biografía; y aunque, á la verdad, no escasearon en ella escritores de valía, amantes de las glorias patrias, que consignaron provechosamente los hechos que en ella sucedieron, dignos de memoria, en clásicos manuscritos, notábase, sin embargo, la falta de verdaderos biógrafos, que recogieran, en discretas monografías, las vidas de sus preclaros hijos: á El Grabador, decano de la prensa periódica de Alicante, cábele la gloria de haber iniciado en esta ciudad la afición á semejantes estudios, insertando, por vez primera, en sus columnas, los escritos del diligente alicantino

D. Benedicto Mollá, y de amigos queridos nuestros, los Sres. Milego y Galdó, cuyos opúsculos literarios son, generalmente, celebrados por la imparcialidad y justicia de las apreciaciones en que abundan, por su dicción exquisita y la amplitud que suelen dar á sus razonamientos, libertad conveniente que les permite escribir, haciendo caso omiso de prescripciones de escuela, que siempre tuercen á la inteligencia el camino, en la difícil tarea de investigar la verdad.

Y á este propósito conviene notar, y lo hacemos como deber de justicia, que El Grabuador, no solo ha acogido con interés los opúsculos de los señores mencionados, con beneplácito de sus numerosos suscriptores, si que también, consagrado, desde el primer día de su aparición en el estadío de la prensa, á fomentar los intereses morales y materiales de Alicante y su provincia, ha tenido especial complacencia en invitar á cuantos en nuestra privilegiada región se dedican al cultivo de las letras, á colaborar en sus columnas, si en sus escritos, exentos de toda pasión política, se reflejaba verdadero amor patrio y sinceros propósitos de contribuír, con sus ideas, al mejoramiento y prosperidad de nuestra querida ciudad y provincia.

Los frutos que El Grabuador ha reportado de sus generosos ofrecimientos, han sido copiosos, y en las páginas de su extensa colección se consignan gran número de biografías de nuestros ilustres contemporáneos, no siendo escasas las noticias y antecedentes aislados de cuantas personalidades se agitan en el campo de las ciencias, letras, artes y política, para ofrecerlos á los que, en tiempos venideros, intenten conocerlas, y puedan, entonces, medir la grandeza de sus merecimientos con amplitud necesaria y conveniente.

Para facilitar este trabajo, parécenos, por hoy, oportuno coleccionar, en elegante volumen, las indicadas biografías, completarlas, añadir otras y dar algunos datos esparcidos, sin método, en revistas y periódicos; y puesto que El Grabador ha sido el primero en indicar, á los que en Alicante se consagran al cultivo de las letras, la conveniencia y utilidad de formar colecciones biográficas para auxiliar, en lo venidero, las investigaciones históricas de su región, justo es que le concedamos los honores debidos á su honrosa iniciativa.

Si nuestros deseos se vieran realizados con feliz éxito, la complacencia que por ello sentiríamos, sería bastante, y aun muy sobrada recompensa á nuestros desvelos; si la obra, que ofrecemos al público, fuera deficiente, invitamos, de buen grado, á los que en Alicante cultivan las letras, que procuren llenar el vacío que notaren en nuestra presente colección, antes nos mostraremos agradecidos que contrariados, pues El Grabador lleva por lema: TODO POR ALICANTE Y PARA ALICANTE; y esa es la leyenda hermosa que hoy queremos ostentar al frente de estas páginas, dedicando estos *Apuntes biográficos* á la población en donde vimos la luz primera y, por la cual, acariciamos siempre las esperanzas más lisonjeras en el alma.

Reciba, pues, con benevolencia, Alicante, este pequeño homenaje que á los ALICANTINOS ILUSTRES ofrecen tres humildes periodistas alicantinos.

EL EDITOR

Enero de 1889.

————◆◆◆◆◆◆————

Jorge Juan Santacilia.

(N. 1713 — M. 1773)

EMOS principio á la serie de biografías, que nos hemos propuesto escribir, de los hijos de esta provincia que dejaron renombre y perpétua fama, con la del sabio matemático D. Jorge Juan y Santacilia, célebre marino, astrónomo insigne, geógrafo y explorador incansable, émulo de los ingenios más exclarecidos de su época, y cuya reputación científica su posteridad ha confirmado, si es que á su fama no ha añadido, con creces, nuevos títulos de gloria.

Diferentes han sido los pueblos de nuestra provincia que han disputado la preeminencia de contarle entre sus hijos; y estas honrosas discusiones, que tanto enaltecen la memoria de Jorge Juan, no es el primer ejemplo que registra la historia. Sin remontarnos á los tiempos de Grecia y Roma, en los que fué general la pretensión de los pueblos de prohijar á los hombres que descollaron por su saber y virtud, la época moderna ofrece casos semejantes de esta vanidad patriótica; buena prueba es, de ello, Cervantes, pues nada ménos que ocho pueblos se disputaron el ambicionado timbre de haberle servido de cuna: Madrid, Sevilla, Toledo, Lucena, Esquivias, Alcázar de San Juan, Consuegra y Alcalá de Henares; y es, que la fama imperecedera que tras sí dejó el inmortal manco de Lepanto, constituye un legado de gloria para el pueblo donde vió la luz primera, raro privilegio debido solo á los exclarecidos ingenios.

Acerca del lugar del nacimiento de Jorge Juan, han corrido las mayores diferencias entre los biógrafos, como hemos dicho; los más le creen natural del pueblo de Novelda, y algunos, especialmente extranjeros, que son, por lo general, poco apreciadores de nuestras cosas y nuestros hombres, sino sus despreciadores sistemáticos, le hacen hijo de Orihuela (Biog. L. Renier). La circunstancia de no haberse buscado el acta de su nacimiento con la diligencia que recomendaba los importantes servicios que, durante su vida, prestara, ha sido la causa de semejantes encontradas opiniones. Jorge Juan nació en la aldea de Monforte, término jurisdiccional de la ciudad de Alicante, en la tarde del 5 de Enero de 1713, y recibió las aguas del bautismo, el día 9 del propio mes, en la Iglesia de Nuestra Señora de las Nieves de aquel caserío.

La infancia de Jorge Juan se deslizó tranquila en Alicante, haciendo prever, desde los primeros destellos de su inteligencia, la extensión que más tarde alcanzar debía su privilegiado talento.

Apenas entrado en la adolescencia, su padre solicitó, y obtuvo, para el joven Jorge, la investidura de Caballero de la célebre orden de Malta; empero, como hombre de sentido práctico y gran prudencia, no le satisfizo la aureola de este vano título nobiliario, y buscó, desde luego, una posición para su hijo que le facilitase el camino á los verdaderos honores que, si han de ser de algún valimiento, cimentarse deben los merecimientos personales y dilatados servicios.

A esta razón, las hondas turbulencias del reino, que la prolongada y enconada guerra de sucesión produjo, habían terminado. Las nuevas necesidades del Estado, y la conveniencia de mantener expeditas las comunicaciones en los vastos dominios españoles, hizo fijarse á los Ministros de Felipe V, con atención preferente, en el fomento de la Marina de guerra, recibiendo ésta notable impulso y gran prosperidad, bajo la administración del activo é inteligente D. José Patiño. La Marina, pues, ofrecía facil acceso á la juventud, siempre ávida de novedades; y D. Fernando Juan, que conocía las inclinaciones y deseos de su hijo, le propuso como marino, é ingresó en la Armada en clase de Guardiamarina.

Jorge Juan, en los primeros años de estudios, fué uno de los alumnos sobresalientes. A los diecinueve años, formó ya parte de la expedición que Patiño organizó contra las costas de Africa, la que, al mando del General Montemar, consiguió grandes ventajas contra los moros berberiscos, que infestaban, con sus piraterías, las costas españolas del Mediterráneo, distinguiéndose notablemente, por su valor y abnegación, en las cercanías de la plaza de Orán. Jorge Juan, en esta expedición, se dió á conocer, ventajosamente, por su pericia é inteligencia, y con frecuencia era consultado en problemas y casos difíciles, siendo, por lo tanto, suficiente solo un accidente favorable para alzarse poderoso sobre el nivel y condiciones de sus compañeros de Academia; este incidente bien pronto la fortuna se lo deparó, ó, mejor, á él le llevó su talento y sus estudios.

Las modernas ideas y, sobre todo, las teorías de Kepler, agitaban ya, por entonces, las inteligencias privilegiadas, lanzando al ingenio por vías desconocidas á investigar la verdadera constitución del Universo; las ciencias exactas principiaron á cultivarse, con entusiasmo, y los Gobiernos procuraron fomentar estos nuevos estudios. Para medir un grado del meridiano y determinar la figura y tamaño de la tierra, el Gobierno francés nombró una Comisión, que la formaron los sabios Académicos La Condamine, Bouguer y Godin, con destino á las costas del Perú, que entonces formaba parte de los extensos dominios españoles. El Gobierno de Felipe V creyó oportuno que acompañasen á aquella expedición científica dos españoles que reuniesen las mayores dotes de idoneidad posible, y á tan honorífico encargo fueron presentados nuestro compatriota don Jorge Juan y su digno émulo el también joven, y después célebre, D. Antonio de Ulloa, que, á la sazón, solo contaba dieciseis años de edad.

Puesto en íntima relación Jorge Juan con aquellas eminencias científicas, se aplicó, con gran asiduidad, á los estudios superiores, siguiendo, con incansable perseverancia, la senda que los vastos conocimientos de sus compañeros de expedición le abrían; de tal modo, que el espíritu de observación que, por lo general, acompaña á la experiencia y se desarrolla, poderosamente, á la edad madura, invadió, por entero, su genio y gusto á tal extremo, que, antes de cumplir sus veinticuatro años de edad, en plena juventud, cuando el imperio de las pasiones hacen á la imaginación soñadora y la inteligencia superficial, Jorge Juan, excepción contada á esa regla general, se aplicaba, diligentemente, á observar las menores particularidades del regimen y estado de las provincias de Ultramar, de aquel Nuevo Mundo, para él completamente desconocido. Recorrió, por los años 1735 al 1737, las costas de la Nueva Granada, exploró el caudaloso río de las Amazonas, visitó las provincias españolas de Buenos Aires, Chile y del Perú; y, como resultado de sus sabias, cuanto prudentes, observaciones, dió á luz sus *Noticias secretas de América sobre el estado naval, militar y político de los Reinos del Perú y provincias de Quito, costas de Nueva Granada y Chile*, que le valieron gran reputación y nombre. También, en los ratos de ocio que le permitía aquella larga navegación, imitando al poeta Ercilla, que, durante la noche, hacía la historia de los sucesos del día, en la guerra contra Arauco, con elegantes versos ordenaba sus valiosos apuntes, y escribió su *Historia del viaje á la América Meridional*, obra importante, en la que, á la dicción correcta y esmerada, unía el interés del caudal inmenso de oportunos datos sobre aquellas regiones, sin que el exceso de su erudición y ciencia, que, las más de las veces, hacen árido el estilo, merced al imperio de la razón que tiende, fatalmente, á la exactitud y laconismo, quitasen nada á la elegancia y amenidad, que tanto se recomiendan para esta clase de libros.

Vuelto á Europa, en premio á los importantes servicios que prestara en su expedición, fué nombrado Capitán de navío; y, recomendado ventajosamente al Gobierno, como hombre de vastos conocimientos, se le confió la árdua tarea de estudiar en Inglaterra los adelantos de su Marina, que alcanzaba, en aquella época, gran prosperidad. En el desempeño de esta comisión, Jorge Juan mostró la misma pericia y celo que en su expedición á América; empero más sazonada su inteligencia por los años y la experiencia, recopiló y ordenó sus nuevas observaciones bajo un plan más científico que lo hiciera con sus estudios sobre el nuevo continente; y, en cumplimiento de su comisión, no limitándose á dar solo informes, escribió, y dió á luz, su importante obra *Examen marítimo teórico práctico, ó tratado de mecánica aplicada á la construcción, conocimiento y manejo de los buques*, tratado, como el mismo título indica, de aplicación inmediata, de utilidad real, que vino á perfeccionar el arte y estado de la navegación en España, desterrando prácticas viciosas é inveteradas.

El trabajo que completó el edificio de su reputación científica y le colocó á la altura de las primeras eminencias de su siglo, fué su nueva obra titulada *Estado de la astronomía en Europa;* y como prueba de la estimación que su persona merecía en el extranjero, y el respeto que á sus conocimientos se tenía, obtuvo las honoríficas consideraciones de individuo de la Sociedad Real de Londres, de la Academia de Berlín y Corresponsal de la de Ciencias de París.

Tantas recomendaciones, hicieron enmudecer á las medianías, sus rivales, y, desde entonces, el Gobierno le concedió, sin limitación alguna, la mayor confianza; á él se debe el establecimiento del Observatorio astronómico de la isla de San Fernando, primero que existió en

España, y dirigió su construcción acertadamente; fué nombrado Jefe de escuadra, Comandante de los Guardiasmarinas y Director de los Arsenales de la Nación, y, finalmente, Director del Seminario de nobles, de Madrid.

Antes de terminar estos brevísimos apuntes, justo es que consignemos la circunstancia de que Jorge Juan fué también hábil político; encargado por el Gobierno español de una misión cerca del Emperador de Marruecos, el distinguido matemático viajó por este Imperio en calidad de Embajador extraordinario, llenando, cumplidamente, los deseos de los que en él depositaron confianza.

El contínuo ejercicio de su inteligencia y su incansable asiduidad en los estudios, si bien en su juventud fortalecieron su espíritu, ya cerca de sus sesenta años, fueron causa de molestias que concluyeron por enervar sus fuerzas físicas é intelectuales, y, tras una brillante carrera, falleció el 21 de Junio de 1773, en la villa de Madrid.

Pocos han honrado á su pueblo natal como este ilustre alicantino; y, cosa singular, en memoria de este preclaro talento, sus conciudadanos ni elevaron una estátua, ni otro monumento que honrara su memoria, no, hemos dicho mal, su nombre, hoy que tan sin tasa se derrochan caudales, á veces solo por satisfacer pueriles vanidades, solo se halla inscripto en un miserable azulejo en una extraviada calle de esta ciudad.

Pedro Montengón.

(N. 1745)

ACIÓ este ilustre literato en las primeras horas de
la mañana del 17 de Julio de 1745, en la ciudad de
Alicante; fueron sus padres D. Pedro Montengón,
natural de Ossa, villa del Mediodía de la Francia, y
D.ª Vicenta Paret, de esta ciudad. Pusosele, por nombres, Pedro, Claudio, y es bien advertir, que muchos y
autorizados escritores, creyeron que su nombre era José
y que, por costumbre, se le dió luego el de Pedro; sin
duda, semejante error tuvo origen por haber atribuído
á nuestro protagonista la partida de bautismo de su hermano José, que nació dos años después en la misma
ciudad.

La infancia de Montengón se deslizó feliz y tranquila
en la casa paterna, sin que ofreciese accidente alguno
notable, digno de memoria. En los primeros años de la
vida, en esa época de la inocencia, cuando los deseos
aun no han agitado las pasiones, la historia de todos los
hombres es semejante: el juego y los alegres pasatiempos son sus ocupaciones; empero no olvidemos que el

niño Montengón, en sus pueriles expansiones, revelaba ya vivacidad, y aun instinto de buen gusto, permítasenos la frase, que daba á entender, bien claramente, las felices disposiciones de ingenio de que se hallaba adornado.

Los años avanzaban, y con ellos avanzaba también el día en que los padres de Montengón pensasen, seriamente, en darle estado; y como aun en España corría muy autorizado aquel antiguo refrán: *Iglesia ó mar, ó Casa Real*, se inclinaron éstos por seguir la corriente de la época; y sin sospechar que la índole del genio del niño Pedro, esencialmente vivo, creador, poético, en el que la imaginación tenía mayor influencia que la inteligencia y no se avendría bien á los estudios formales, á la meditación, quisieron que entrase en la célebre Compañía de Jesús, é ingresó en la Orden en 1759, contando ya sus catorce años de edad.

Muchos y rápidos debieron ser los adelantos que hiciera Montengón en los estudios de nuestros clásicos, pues á los cuatro años de haber ingresado en la Compañía, ya, con gran lucimiento, explicaba literatura en sus Colegios, mereciendo, de sus superiores, los mayores elogios por sus conocimientos. Ocupado en estas honrosísimas tareas, sorprendió á nuestro protagonista un ruidoso acontecimiento, notable en los fastos de la historia, que le privó de su claustro y Cátedra, le negó patria y fortuna y le lanzó á extrañas tierras, donde debía sufrir las consecuencias de una azarosa vida, porque para el pobre honrado, si es que puede ser honrado el pobre, como dice oportunamente Cervantes, la sociedad es indiferente, sino desdeñosa.

La Compañía de Jesús, que había alcanzado un poder y prestigio político mayor del que debía un Instituto religioso, se había malquistado con los Reyes de la Casa de Borbón, cuya ojeriza era alentada insidiosamente por el odio que las nuevas ideas filosóficas contra ella esparcían. El espíritu de congregación y el celo exagerado de muchos padres, no alcanzó á apreciar la saludable advertencia del Padre Juan de Mariana, que entrañaba su profundo pensamiento de «que el poder no es como el dinero, que, cuanto más tiene uno, es más rico, sino como el manjar, que la falta y la demasía enflaquecen igualmente al que come»; y á tal extremo llegaron los manejos contra la Compañía, que Carlos III, en su decreto, refrendado en el Pardo el 27 de Febrero de 1767, mandó el extrañamiento perpétuo de sus dominios, tanto de España como de América é islas Filipinas, de todos los religiosos de la Compañía, así sacerdotes como coadjutores ó legos, y ocupar sus temperalidades. Buena maña y gran acierto desplegó el Conde de Aranda en el cumplimiento de la terminante orden del Rey; y así, inadvertidamente y en el mayor sigilo, una noche fueron cercadas sus casas por fuerza pública, sacados de ellas los jesuítas, violentamente, y conducidos, incomunicados, al puerto de Cartagena, se les embarcó en incómodos transportes, haciendo, muy luego, rumbo á las costas de los Estados Pontificios.

Montengón sufrió como individuo de la Compañía las consecuencias de aquel golpe ab irato, y navegó hacia las costas de Italia aherrojado en la bodega de un buque de guerra, de tal modo, como si fuera un criminal de larga historia, él, que inocente de las culpas y cargos que se hacían al Instituto, había consumido sus primeros ocho años que vistiera la sotana, en el estudio y la enseñanza; tareas que ennoblecen y dignifican al hombre más que otra ocupación alguna.

Mas si al cabo de la navegación hubiese encontrado el descanso que se prometía, los sufrimientos padecidos en ella, que con la esperanza de repararlos le habían sido llevaderos, hubiéralos considerado como mero accidente de su vida; empero no fué así: al llegar á la costa de Italia, el Gobierno de la Santa Sede no quiso recibir á los expulsados españoles, si antes el Gobierno de Carlos III, que se había apoderado de sus bienes, no les asignaba una pensión para sus alimentos; mientras se resolvía esta reclamación por las vías diplomáticas, Montengón permaneció embarcado en aguas de Cevitavecchia, sufriendo las mayores penalidades, que llevó con la resignación que lo difícil de las circunstancias recomendaba.

Por fin, resuelto este incidente, tras largos meses de sufrimientos Montengón saltó en tierra y se estableció en Roma, como muchos individuos de la Compañía, en cuya ciudad regento una Cátedra pública de teología.

La animadversión contra la Compañía, no cesó con su expulsión de los países sugetos á los Monarcas, entonces reinantes, de la casa de Borbón; su rencor fué más allá; y constantes en sus propósitos de concluir totalmente con el célebre Instituto de San Ignacio de Loyola, asediaron vivamente al Papa Clemente XIV, quien, para evitar mayores males, por su bula *Dóminus ac redemtor*, dada en Roma en Santa María la Mayor á 21 de Julio de 1735, le devolvió y anuló, dispensando de los votos simples á los que se hallasen ordenados *in Sacris*, y á los sacerdotes, redujo á la condición y estado de clérigos seculares; en virtud, pues, de esta resolución, Montengon, que aun no había sido promovido á las sagradas órdenes, quedó libre de todo vínculo religioso, dueño de sí mismo, y en aptitud de acomodarse al modo de vivir que considerase mas conveniente; pero el erudito exnovicio había pasado toda su juventud entregado á los estudios, á la enseñanza, y ya entrado en sus veintiocho años de edad, y en tierra extraña, ¿qué oficio había de aprender, ni á qué profesión dedicarse con que poder ganar su subsistencia? Volver á su país natal era una quimera; tremendos castigos habían caído despiadados contra varios expulsos que de oculto regresaron á ella, y desde entonces comenzó para nuestro compatriota una larga serie de vicisitudes que, variadas y llenas de interés, todas le produjeron muchos sinsabores, pero pocas utilidades que le procurasen, no ya bienestar, sino el descanso y tranquilidad que tanto apetecían.

Solo, aislado Montengón en Italia, no es posible seguirlo paso á paso en las muchas ciudades donde fijó su residencia, ni saber cuáles fueron sus ocupaciones, pues

no hay camino habil para ello; únicamente puede dedu-
cirse, con mayor ó menor certeza, por las obras de ingenio que produjo, por lo que de si mismo dice en diferentes pasajes de ellas. Después de Roma y de visitar á ·
Florencia, Módena y Bolonia, fijó su residencia en la antigua ciudad de Ferrara, donde continúa entregado á la
enseñanza, y en ratos de descanso cultivaba las letras:
en ella dió á luz en 1776 y 1777, las *Odas de Pilopatro*,
en las que se dió á conocer ventajosamente como excelente poeta; y buena prueba es el mérito que encierran
el haberse editado con posterioridad diferentes veces.
También, instado por las apremiantes necesidades de la
vida, que no dan lugar á espera, escribió en esta ciudad
el *Eusebio, cuatro partes de las memorias* que dejó el
mismo. Esta fué la obra, á dictamen de los críticos,
donde á mayor altura llegó el expatriado alicantino; y
puesto que este fué su trabajo magistral, justo es que
digamos, aunque sean brevísimas palabras, en su obsequio: Cuando Montengón principió á escribir su Eusebio,
llegaba en su edad á los cuarenta años, época en la que,
perdidas por completo las ilusiones de la juventud, la
razón discurre, por lo general, por un campo eminentemente práctico y filosófico; así esta obra se distingue
por su frío positivismo, y tiende á la educación de la
juventud; algunos críticos han juzgado, quizás con excesiva severidad, esta obra predilecta de Montengón; y
fijándose en que su autor la lleva á término prescin-
diendo enteramente de la idea de Dios y de su culto, de
la inmortalidad del alma y demás principios religiosos
que deben servir de base á todo libro de educación, han
admitido, sin vacilar, ciertas tendencias antirreligiosas
en los juicios de nuestro literato, adquiridas, dicen, en
el trato de las gentes á que se vió obligado en el discurso de su azarosa vida; parécenos que semejantes
censuras adolecen del achaque de ser poco fundadas,
pues el autor, que reconoció la falta en que había incu-
rrido, prometió reivindicarla y dar á luz otra parte en
la que *Hardil*, que debía ser el mentor de Eusebio, le
enseñase las máximas de nuestra santa religión pidié-

dole perdón de no haberlo hecho antes. Otra censura lanzan semejantes críticos, cual es el abusivo empleo de muchas voces anticuadas y de italianismos que corrompen la pureza del idioma: tal censura va dirigida con mayor acierto que la anterior; pero sírvale de excusa á su autor lo difícil de las circunstancias que atravesaba: Hallábase Montengón falto de recursos para dar á luz esta obra, y para ver si algún escritor la quería imprimir por su cuenta, la remitió á Madrid, encargando encarecidamente que se revisase con cuidadosa diligencia, para que, si alguna voz ó expresión en ella se notase poco conforme con la pureza del idioma, se corrigiese, pues hallándose él ausente de España dieciocho años, residiendo durante ellos en Italia, no era extraño que incurriese en algún descuido de estilo. El impresor D. Antonio Sancha, que tomó por su cuenta la edición del Eusebio, encargó su revisión, empero la persona á quien cometió este encargo no era muy idónea, y dejó la dicción plagada de muchas faltas que el autor, sin duda, no hubiese permitido á haberla escrito en España.

No debemos extendernos en mas detalles, bien á nuestro pesar, pues si lo hiciéramos, descenderíamos á hacer la crítica de esta obra, y ciertamente no es este el lugar oportuno á semejantes propósitos. El Eusebio fué traducido al italiano por el Abate Juan Laurenti, y compendiado por el caballero Pireci, vió la luz pública en Nápoles en 1807; también fué editada en París por Masson é hijos en 1824, en Barcelona en 1793 y otros puntos.

De Ferrara, Montengón pasó á Venecia, reina del Adriático, ciudad la más bella del mundo y de costumbres originales, donde continuó constantemente empeñado en sus trabajos literarios; compuso en ella *El Antenor*, romance ó fábula, con pretensiones de epopeya, en la que celebra la fundación de la ciudad, según refieren las crónicas venecianas. El autor la vertió luego al italiano con el título *L' Antenore, tradotto dal originale spagnuelo*, que se publicó en aquella ciudad en 1790 en dos tomos en octavo.

Los años no hacían mella en el espíritu de Montengón, trabajador incansable, y siguió sin disminuír su asiduidad en sus tareas literarias, insertando en los periódicos de Venecia artículos varios y poesías, no descuidando por ello el editar obras de importancia, que le producían utilidad; de estas las principales fueron:

La Eudoxa reimpresa con frecuencia, tanto en España como en el extranjero. Su objeto es preparar el corazón de las jóvenes honestas y bien educadas, al desprecio de las cosas superfinas, de la vanidad y del lujo.

Compendio della historia romana ad uso della Levole.

Romance épico.

Sátiras latinas.

Sermones quator in philosophiam aristotelicam.

El Mirtilo ó los pastores trashumantes.

Fingal y Temora, poemas épicos de Ossiam, antiguo poeta céltico, traducido en verso castellano.

Otras muchas obras dejó escritas este erudito alicantino, que sería prolijo enumerar, y de varias solo se sabe sus títulos, pues coleccionarlas todas no ha sido posible, pues no ha sido dable seguir á su autor, como hemos indicado, en todas las poblaciones donde fijó su residencia por más ó ménos tiempo.

Montengón vivía en época de grandes calamidades. Así como vió extinguirse la célebre Compañía, de la que formó parte en su juventud, así había de ver terminar la Señoría de Venecia, en la que pensaba acaso terminar los días de su vida. Napoleón, por el tratado Campoformio, cedió al Austria aquel antiguo y poderoso Estado, no sin antes ser presa de una espantosa anarquía. Montengón se retiró á Nápoles, no pudiéndose precisar con fijeza si fué antes ó después de aquella catástrofe; igualmente en esta ciudad continuó sus tareas literarias, hasta que el año 1815 el Duque de Alcañiz, á cuyos oídos había llegado la fama y desdichas del ilustre literato, le nombró su Procurador; ¡ya contaba Montengón setenta años! Con posterioridad á esta fecha, nada de cierto se sabe acerca de este preclaro alicantino, siendo probable que muriese en Nápoles en edad bastante avanzada.

Esta fue la vida del ilustre Montengón, tales sus padecimientos; la posteridad le asignó un lugar eminente entre los escritores de la época moderna, y los críticos, especialmente, han recomendado sus obras, como excelentes, recomendación que aunque póstuma, sirve para enaltecer la memoria de este ilustre alicantino.

Carlos Coloma

(N. 1573—M. 1637)

UCHAS, y todas bien escritas, han sido las biografías que de este clásico humanista han visto la luz pública en esta nuestra época literaria, con razón llamada del Renacimiento, pues el gusto que en ella domina tiende al estudio é imitación de los escritores del siglo XVI, en el que llegó á mayor altura la pureza del idioma; y si autorizados escritores, de prestigio merecido y bien cimentado, han narrado los principales hechos de este ilustre alicantino, concediéndole el honor de llamar la atención universal sobre sus hechos y sus escritos, como ejemplares los primeros, como modelos los segundos, ¿qué podremos hacer nosotros de nuevo é interesante al intentar trazar la biografía de Coloma, nosotros que tan lejanos estamos de merecer la consideración que han alcanzado los que en historiarle nos han precedido? Bien así como en la naturaleza debe haber bueno y malo, para el orden y armonía de lo creado, también en literatura la bondad de las obras que en su campo se produzcan, deben recorrer la extensión in-

mensa de lo en extremo correcto, hasta lo trivial y ordinario, para apreciar distintamente los diferentes grados de pureza de que es susceptible el idioma; además,
consideran lo que aun en lo mal escrito, con tal que se
digan verdades expuestas con recta intención, enaltece la persona á que va dirigido, por ello no hemos
vacilado eu coordinar estos apuntes biográficos de Coloma, uno de los más ilustres hijos de la ciudad de Alicante.

Corría el año 1573, cuando nuestro protagonista vió
la luz primera en esta ciudad. Sus padres, D. Juan de
Coloma y D.ª María Pérez de Calvillo, señores de Elda,
cuyo Condado poseían, contaban, entre sus antepasados,
ilustres personajes en saber y virtud; pero sus mayores
timbres de gloria eran sus hijos, que alcanzaron, merced á sus merecimientos personales, las mayores consideraciones de sus contemporáneos; tales fueron D. Antonio, Virey de Cerdeña, General de las galeras de Portugal y Sicilia, literato de gran mérito, en quien las
atenciones militares no fueron rémora á sus estudios literarios, como lo prueba su magnífica Década de la Pasión de Nuestro Señor Jesucristo, en verso heroico, impresa en la ciudad de Caller; D. Francisco, Comendador
y Gobernador de Amposta. Pero sobre éstos sobresalió,
con estraordinaria alteza, D. Carlos, que ayudó poderosamente á hacer memorable este ilustre linaje, añadien-
do á los antiguos títulos de gloria nuevos méritos por
sus servicios personales.

Omitamos, porque nos parece acertado, decir cuanto
sobre sus primeros años consignan los biógrafos; ya di-
gimos al hablar de Montengón, que la infancia para todos los hombres ofrece semejantes accidentes. Las expansiones infantiles no deben celebrarlas más que las
madres, eu quienes sientan bien y con gracia las inocen-
tes travesuras de sus pequeñuelos. El biógrafo debe,
pues, principiar á considerar los hechos de la vida, cuando su protagonista, en plena libertad, tenga absoluto
dominio de sí mismo; por ello, el primer hecho de la vida de Coloma, digno de figurar á la cabeza de su bio-

grafía, es aquel en que abrazó, abandonando la casa paterna á la temprana edad de quince años, la honrosa carrera de las armas, siguiendo en esto la corriente de las aficiones nacionales, y en perfecta armonía con su genio, gusto é inclinaciones.

Y era, en efecto, ocasión propicia la en que Coloma se lanzó al duro ejercicio de las armas. El Rey Felipe II, primer político de su época y el hombre de estado más eminente que quizás haya regido nación alguna, había previsto desde su pobre celda del soberbio Escorial, el peligro que para sus dominios entrañaba la política artera y maquiavélica de su rival Isabel de Inglaterra; y para evitar las consecuencias de los planes de ésta, y tranquilizar sus provincias de Flandes, instigadas á la rebelión por Isabel, había preparado el prudente Rey la empresa más colosal que hasta entonces se propusiera ningún Soberano, cual era, dar un golpe fatal y definitivo al naciente poderío de la Gran Bretaña en su misma cuna, reduciéndola á país tributario de España, y destronar á Isabel que escandalizó á Europa, haciendo morir en el cadalso á María Estuard.

La fama de los aprestos de guerra para esta formidable empresa, corría de provincia en provincia, de pueblo á pueblo; y la rada de Lisboa, en la que la Armada expedicionaria debía hacerse á la vela, fué el lugar de cita para todos los españoles que quisieran tomar parte en aquella guerra, á la vez religiosa y nacional. D. Juan Coloma, quien, como todos los nobles de su tiempo, tenía algo de aventurero y emprendedor, meditó sobre la conveniencia que para el porvenir de su hijo ofrecía la guerra contra Inglaterra, y obtuvo para él plaza ventajosa en el ejército, con esperanza cierta de mejorarla, tan luego se presentase ocasión. Referir detalladamente el tercio al que fué incorporado, la nave que montó y sus compañeros de expedición, no es del caso; pues estos son accidentes de detalle que, si bien todos interesantes, deben solo tener cabida en libros mucho más importantes, cuya extensión lo permitan, no en las estrechas páginas de este libro, donde la falta de lugar impone al escritor el deber de ser breve y conciso.

La armada española surta en la rada de Lisboa, semejante á una inmensa población flotante, y que por su gran poder fué llamada *invencible*, se hizo á la vela para la costa de Inglaterra por el mes de Mayo de 1587. La nación cifraba en ella sus esperanzas, y Coloma, lleno de entusiasmo patriótico, contaba como cierta la victoria con el anonadamiento completo del naciente poderío de la Gran Bretaña; pero merced á la incertidumbre del Duque de Medina Sidonia, cortesano de pocos alcances, inhabil para dirigir aquella poderosa Armada, y á la inclemencia de los elementos, el tremendo golpe que debía caer sobre la disoluta y cruel Isabel, se desvió, y Coloma, después de correr inminentes peligros por la furia de las olas, tuvo que quedarse en tierra de Flandes para continuar en el Ejército del Duque de Parma, como él mismo lo dice, al comenzar la narración de los hechos de aquella larga y obstinada guerra. Joven aún, en demasía, Coloma se distinguió muy luego, por su valor y pericia; y aunque á su órdenes tuvo, desde el principio de su campaña, buen número de veteranos, curtidos sus rostros por el sol de Italia en guerras anteriores, no desdeñaron éstos al imberbe alicantino que se mostraba digno de marchar á su frente y ser de entre ellos el primero en los peligros; lo cierto es, que, á los cuatro años de hallarse en Flandes, en 1592, cuando contaba diecinueve años de edad, fué nombrado Capitán de lanzas españolas, cargo que lo acreditó como valiente entre sus compañeros de armas. Bien probó el acierto de este nombramiento en aquella ocasión en que, al regresar de Flandes, donde hubo ido con su escuadrón de trescientos caballos, escoltando al Maestre de Campo D. Alonso de Mendoza, se encontró con una compañía enemiga de arcabuceros de á caballo; y cargándola, aunque ésta superior en fuerza, la dispersó, reduciendo á prisión el mayor número. Este hecho fué muy celebrado por el Duque de Parma; de modo que, algunos días después, cuando el ejército español se formó en orden de batalla en los campos de Húmala, para batir al que, personalmente, mandaba Enrique IV; tocó á D. Carlos Coloma el marchar con su escuadrón en la vanguardia, lugar de mayor peligro; y á tal extremo de valor llegó nuestro protagonista, que á no detenerle las terminantes órdenes del de Parma, la misma suerte corriera Enrique IV en aquellos campos, que Francisco I en el cerco de Pavía; pero no del todo escapó bien librado, pues de un arcabuzazo salió herido en el costado derecho.

Donde á mayor altura puso su reputación militar, fué en la sorpresa de Caudebeck, en el país de Caux, en el mes de Mayo de 1592; hallábase la caballería española alojada en un estrecho valle, en las cercanías de este pueblo, fatigados los caballos por las contínuas marchas; mandábanla los Capitanes Diego Dávila Calderón, D. Alonso de Lerma, nuestro protagonista D. Carlos Coloma y, unidos á ellos, los arcabuceros de á caballo, al mando de Juan de Contreras; en la mañana del 18 de aquel mes, Francisco Espada, Teniente de Coloma, con 30 soldados excogidos, salió de descubierta y volvió á las diez del día con catorce prisioneros, y avisó de que grandes tropas de caballería avanzaban; y, en efecto, Biron, con 1.500 corazas, con ánimo resuelto y esperanza formada de deshacer las compañías españolas, estrechaba ya á medio día nuestros estenuados escuadrones. La eminencia del peligro, y la imposibilidad de ponerse en orden de defensa, produjo gran confusión en el campo español; empero allí estaba el alicantino Coloma que, haciéndose superior al peligro mismo, resistió con su compañía el poderoso empuje de los enemigos, y se portó de tal modo, que á secundarle el escuadrón de Camilo Capizuca, ni un francés volviera á su campo, pues nuestro compatriota había cerrado el estrecho lugar por donde éstos podían retirarse. Coloma perdió diez de sus veteranos.

Asistió luego al levantamiento del sitio de Rouen, en el que se distinguió en extremo; siguió su campaña aquel año de 1592, con el mismo grado; pero habiéndose retirado á Bruselas el Duque de Parma, para atender al restablecimiento de su salud, se encargó del mando superior del Ejército el Mariscal de Rona, quien confió el gobierno de la caballería á D. Carlos Coloma, tomando á sus órdenes nueve compañías, seis de lanzas españolas, la de arcabuceros de Juan de Contreras, que había obtenido permiso para volver á España, y dos de walonas de Meldeguem y Moude.

Coloma no defraudó las esperanzas que por su anterior conducta había inspirado al Mariscal de Rona; empero, ¿á qué conduciría ir refiriendo por menor las acciones que llevara á cabo Coloma en aquella accidentada guerra? El inventario de aquellos hechos no vendría á añadir nuevos timbres de admiración al ilustre alicantino; sin embargo, no olvidemos los nombres de Gosney, Rantilli, cerca de París, en las que se cubrió de gloria, y sobre todo la célebre batalla de Dorlán dada el 23 de Junio de 1595, en la que su compañía hizo prisionero al Almirante Villars, General en jefe del Ejército francés; contribuyó poderosamente á la toma de la importante plaza de Cambray; socorrió al año siguiente en unión con el Ejército, á Lafere, y asistió á la conquista de Calais, Arbres, Comont y Hulst; y, por último, en 1587, ascendió á sargento mayor, y muy luego á Maestre de campo, ocupando con su tercio la isla de Bomel, que defendió heroicamente, viéndose obligado á abandonarla, con pérdida de más de 427 soldados, según el mismo Coloma lo dice en su despacho al Archiduque Alberto, fecha 22 de Mayo, ordenando la retirada en las primeras horas de la madrugada del 4 de Junio de aquel año 1599.

Al terminar esta guerra, por la renuncia que del Condado de Flandes hizo Felipe II en favor de su hija la Infanta Isabel, para casarla con el Archiduque Alberto, D. Carlos Coloma dejó su tercio acuartelado en Namur, á las órdenes de su Teniente D. Jerónimo de Monroy, Capitán de lanzas españolas; pues él fué nombrado Capitán general de la frontera de Perpiñán, dejando definitivamente el campo donde había alcanzado tantos laureles.

También sería pesado enumerar detalladamente los cargos y comisiones honoríficas que desempeñó en su larga carrera; sin embargo, las principales, fueron: la mision diplomática que le llevó á la Corte de Inglaterra como Embajador extraordinario, el haber obtenido el Gobierno militar del país de Cambray y el difícil cuanto honroso del gran Ducado de Milán. Tantos servicios no fueron sin recompensa: los Reyes de España mostraron al célebre alicantino el aprecio que le tenían, haciéndole merced de título de Castilla con el nombre de Marqués de la Espina, Comendador de Montiel y de la Ossa en la orden de Santiago, gran Maestre de Palacio y, por último, Consejero de Estado.

Coloma no fué solo militar y político; cultivó también, con extraordinario éxito, las letras; y bajo el concepto de historiador y literato, merece, quizás, tantas alabanzas como el más aventajado de su época; movióle á escribir los sucesos de la guerra de los Países Bajos, al ver andar, como él mismo dice, «en poder de extranjeros y »de algunos españoles eclesiásticos, *Las guerras de Flan- »des*, teatro nobilísimo, donde se ha representado, al »vivo, en cuarenta y dos años, todo cuanto la antigüe- »dad pudo ir consagrando, en millares de ellos, á la me- »moria de su descendencia... y el poco cuidado que estos »autores eclesiásticos y algún seglar han tenido en es- »cribir los sucesos de aquella guerra, como realmente »pasaron, y el agravio que, sin pensarlo, hacían á su »nación, valiéndose de las relaciones de autores italia- »nos y franceses, por no haber tenido los españoles que »han militado en Flandes, tanto cuidado de escribir sus »hazañas como de hacerlas.»

Además de la pureza de estilo que se echa de ver en esta historia, resulta en ello, en primer término, la verdad y sinceridad de su relato, circunstancias que la hacen estimable y proponerla como modelo en las obras de su clase. Coloma dedicó, para confeccionarla, los ratos de ocio que le permitía su Gobierno de Milán, y por las noticias que ya en el campo, ya en el alojamiento, tomara durante el tiempo que militó; apuntes que, de conservarse, fueran de gran estima, pues eran las impresiones de un pundonoroso soldado, testigo de los sucesos á que aludía.

Pero no tan solo se perdieron estos apuntes, sino también las obras inéditas que compuso, pues era aficionadísimo á los estudios, á excepción de su bellísima traducción de Tácito, conservada más bien por la diligencia de Fray Leandro de San Martín, Profesor de lengua hebrea en la Universidad de Donay, íntimo amigo de Coloma, á quien la sustrajo, y ella hace ver sus buenos conocimientos en la literatura clásica.

Coloma, agobiado por la edad, murió en la villa de Madrid en 1637, lamentando, como buen español, la manifiesta decadencia de aquella poderosa Monarquía, fundada por los Reyes Católicos, y que no pudo salvar de su reino, aunque conoció sus causas, el gran político, el eminente hombre de estado Felipe II.

Juan Andrés

(N. 1746—M. 1817)

CERCA de Cocentaina, á distancia de una legua próximamente, hállase situado un pueblo que, aunque de
escaso vecindario, su fama no se circunscribe á los
límites de la provincia de Alicante, antes bien, es
muy conocido y celebrado donde quiera se cultiven las
letras; y no es porque sus alrededores hayan sido teatro
de esas gloriosas barbaridades llamadas batallas, como
sucediera en Bailén y Albuera, ni porque en sus cercanías
se levante notable monumento testigo de un grandioso
pasado, como en Itálica, sino porque sirvió de cuna á una
notabilidad literaria y científica de estos nuestros tiempos, cuya autoridad fué tal, que los Príncipes le prote-
gieron, los Reyes escucharon sus consejos y los Empe-
radores de Alemania le dispensaron notables favores;
hombre tan respetado y querido por su saber y virtud,
que humilló las adversidades que de cerca le perse-
guían, y alcanzó elevados cargos de República en extraños países, que se honraron en protegerle. Este pueblo, es Planes; aquel prodigio de inteligencia, dechado

de virtud, fué D. Juan Andrés, que vió la luz primera el 15 de Febrero de 1746.

Sus padres, D. Miguel Andrés y Doña Casiana Morell, procuraron desde su tierna infancia inclinarle á los estudios y á las prácticas de la virtud, esmerándose en su educación sobremanera; así, en edad conveniente, le colocaron en el Seminario de nobles, como su calidad y fortuna exigía. En este establecimiento cursó humanidades bajo la dirección de D. José Borull, y derecho civil y canónico bajo la del eminente jurisconsulto don Matías Chafreón. El joven Andrés bien pronto hizo ver las felices disposiciones de espíritu de que venía adornado; de gran memoria, vasta comprensión y actividad incansable, sobresalió entre sus compañeros de Seminario desde el comienzo de sus estudios. Como en su germen preexisten las cosas, al ver la asiduidad infatigable del jóven Andrés para los estudios, ejercicio que absorbía casi por entero su atención, y que no le daba espacio para entregarse á los juegos, naturales pasatiempos de la infancia, bien podía preveerse la extensión inmensa de conocimientos que con el tiempo había de atesorar, y la fama que por ellos debía adquirir. Del estudio de las humanidades en las que comprendió también la lengua griega, Andrés emprendió el curso de filosofía en el mismo Seminario, iniciándose en los principios de las ciencias que la componen, bajo la dirección del distinguido Catedrático y gran pensador D. Gaspar Tudela.

Las investigaciones filosóficas infundieron, quizás, al joven Andrés, cierto desprecio de las cosas de la vida, é inclinaron su alma por las corrientes religiosas y ascéticas, que aun en España dominaban, pues la filosofía racionalista que ejerciera imperio sobre las inteligencias en otros países, no había invadido los dominios sujetos al pacífico y piadoso Monarca Fernando VI, y Andrés ingresó en el célebre Instituto fundado por San Ignacio de Loyola, en 24 de Diciembre de 1754, en la ciudad de Tarragona, cumplidos ya sus catorce años de edad, no sin antes haber renunciado su derecho de primogenitura á favor de su hermano D. Carlos. ¡Acción generosa que probaba la nobleza de su corazón y la elevación de sus sentimientos!

Continuó en el Colegio de Gerona el estudio de la filosofía, á la que sentía natural inclinación, y luego pasó al de San Pablo de la ciudad de Valencia, donde cursó la facultad de teología y se perfeccionó en las lenguas griega y hebrea, dedicándose con gran diligencia en los ratos de ocio que le permitían sus tareas escolares, al conocimiento de los idiomas francés é italiano, de los que, andando el tiempo, sacara pingües utilidades.

Diez largos años consumió Andrés para dar por terminados los estudios superiores que constituían la instrucción completa de la carrerra á que se dedicara, y en Julio de 1764, á sus veinticuatro años de edad, demostró, con admiración de sus superiores, los notables progresos que hiciera en las aulas, y los vastos conocimientos que su poderosa inteligencia atesoraba; en su consecuencia, á poco tiempo, se le nombró Catedrático de la Universidad de Gandía, en la que cumplió su misión de un modo benemérito, como lo prueban los Certámenes literarios que dió en los días 16 y 18 de Julio de 1765, en los que sus discípulos sobresalieron entre los alumnos de aquel establecimiento; para amenizar aquellos actos, Andrés compuso una tragedia que tituló *Juliano*, la cual fué en extremo aplaudida, y cuya pérdida, asi como la de dos disertaciones que pronunciara en la apertura del curso, lamentan los eruditos, pues á creer lo que las Memorias contemporáneas de estos trabajos dijeron, fueron notables y dignas de ser conservadas.

El porvenir de Andrés prometía ser muy lisonjero, según era el aprecio en que se le tenía, y las raras dotes de inteligencia que demostraba; pero plugo á la fortuna lanzarle en las tempestades de una azarosa vida, en la que, para librar felizmente, debía emplear con éxito los recursos de su fecundo ingenio, y aun así, estuvo muchas veces á punto de zozobrar en el océano de pasiones agitado contra la Compañía á que pertenecía. El decreto de 2 de Abril de 1767, le arrojó fuera de su patria, á la que jamás volviera, y le obligó buscar en nuevos, y para él desconocidos países, amigos y protectores que le diesen hospitalidad, ya que Carlos III, abusando de su poder en infracción manifiesta del derecho de gentes, le cerraba las puertas de su pueblo natal. Andrés fué conducido, sufriendo mil peripecias, á la pequeña ciudad de Bonifacio, situada en el estrecho del mismo nombre, entre Córcega y Cerdeña, población pobre y de escaso vecindario, guarnecida por los genoveses, bloqueaba á la sazón por los sardos. Resignado Andrés á su suerte en este lugar de destierro, continuó sus tareas literarias, asistiendo á la Academia que el docto y erudito Tomás Serrano, natural de Valencia, otro de sus compañeros de infortunio, había abierto en medio de aquella soldadesca y gente ignorante. Durante los catorce meses que permaneció en Bonifacio, compuso una historia ó relación de los sufrimientos que padeció la Compañía desde su salida de España, opúsculo, á juicio de los críticos, notable por la pureza de su dicción; esta obra, escrita en latín, ha quedado inédita, empero muchos literatos han insertado, en sus escritos, trozos de ella, donde puede verse la suma elegancia que recomienda aquel Comentario de padecimientos.

De Bonifacio fué transladado á Ferrara, donde se constituyó de nuevo la Academia fundada en aquella ciudad por los expatriados españoles, y Andrés continuó en ella sus tareas literarias. Durante un período de cinco años, su actividad intelectual no produjo obra alguna, empero no se crea que en este tiempo se entregó al descanso, á las tareas ordinarias de la vida, de su Instituto, no; esto podría suponerse en otro sugeto que no fuera Andrés. La necesidad de perfeccionarse en el idioma italiano, cuyos rudimentos aprendiera en el Colegio de San Pablo de Valencia hacía más de dieciocho años, y la conveniencia de conocer perfectamente la literatura de su nueva patria, absorbió por completo á nuestro protagonista, en tales términos, que desde su instalación en Ferrara hasta 1773, vivió obscurecido, ocupado solo en el estudio de los autores de aquel país. En este año, y día de la Ascensión, hizo profesión solemne y perpétua de los cuatro votos que exigen las constituciones de Compañía, y al propio tiempo, fué elegido Catedrático de Filosofía. El ingenio no puede jamás contenerse en los estrechos límites de una humilde medianía; y Andrés, que sentía en su alma la elevada ambición que nace del saber, se dió á conocer como erudito y extensamente versado en las ciencias filosóficas, por la publicación de su obra, primera que editó en el suelo italiano, *Prospectus philosophie universe desputationi proposito in templo Jerrariensi*. A contar desde la publicación de esta obra, en la que reveló una erudición poco común, Andrés fué alistado entre las notabilidades de aquellos tiempos, y considerado de un modo honorífico; así, cuando se extinguió la Compañía, por breve de 21 de Julio de 1773, encontró entusiastas protectores, siendo uno de éstos, el Marqués de Bianchi, rico magnate de Mantua, que le nombró preceptor de su hijo; también obtuvo de Carlos III, Rey de España, la gracia de disfrutar una corta pensión, como otro de los desterrados, aunque no residía en los Estados Pontificios.

Por su residencia en Mantua, inauguró Andrés nuevo período en su vida; merced á la rica y selecta biblioteca de su protector, se permitía largas horas de complacencia en la lectura de cuanto existía de más notable en ciencias y artes, y preparó su robusta inteligencia á los certámenes científicos, en aquel país donde la libertad del pensamiento había infundido poderoso vigor á la inteligencia, y formado verdaderos atletas en el campo de las ideas. Bien pronto se ofreció á nuestro protagonista, ancho espacio para estas lides. La Academia de Mantua, propuso la solución de un problema hidráulico (de ascensu aqua) y Andrés presentó su notable disertación, *Problema ab Academia Mantuana propositum ab ano 1774, Dissertatio Joa Andrés hispani ad eadem Academia secundo loco probata*, la cual mereció el *accésit* y el honor de ser impresa á expensas de la Academia; el premio lo obtuvo el sabio matemático Fontana, y solo él pudo competir, ventajosamente, con el joven Andrés, él, que había envejecido en el estudio de las ciencias.

Ya hemos dicho al comenzar esta biografía, que los estudios filosóficos atrajeron poderosamente la atención de Andrés, desde su más tierna infancia; ahora bien, la hospitalidad que le dispensó el Marqués de Bianchi, fué causa de que nuestro compatriota llevara á sazón y término sus predilectos estudios; y con admiración de sus émulos, dió á luz en Mantua, en idioma italiano, en 1776, su notable obra *Ensayo de la filosofía de Galileo*, en la que se declaraba entusiasta partidario de este ilustre pensador de los tiempos modernos, padre y creador de la filosofía experimental.

Seguro ya en la posesión del idioma italiano, Andrés no tuvo reparo en romper lanzas, digámoslo así, con los primeros literatos de aquel país, y seguir publicando, después de aquellas obras, varias otras, de controversia las más, y entre ellas, *Carta al Sr. Comendador Frey Cayetano Valenti Gonzaga, sobre la pretendida corrupción del gusto italiano en el siglo* XVIII, en la que se mostraba más clásico y correcto que el crudito Tiraboschi, escribiendo en su mismo idioma, *Carta al Sr. Conde Alejandro Muraribrara, sobre el reverso de una medalla del Museo Bianchini, que no comprendió el Marqués Maffei.* En este estudio, demostró Andrés mayor competencia en numismáticas, que los célebres articulistas Venuti y Gori. *Carta al noble Sr. Marqués Gregorio Fèlipe María Casali Bentivoglio, Senador de Bolonia, sobre una demostración de Galileo. Disertación sobre las causas de los pocos progresos que hacen las ciencias en estos tiempos.*

Hasta entonces, Andrés solo había publicado estudios y ensayos. Estos, aunque fueron estimados por los sabios de todas las naciones cultas, á cuyos idiomas se virtieron muy luego, como obras perfectas, no alcanzaron, sin embargo, ninguna de ellas, la fama y nombre de otra, cuyo plan y método mucho tiempo atrás había meditado; y en efecto, en 1781, publicó el prospecto de una obra que, dada su naturaleza y la extensión inmensa que alcanzar debía, la juzgaron los sabios como irrealizable y quimérica, si para llevarla á término, solo contaba nuestro ilustre compatriota con sus propias fuerzas. Lo cierto es, que la perseverancia y diligencia de Andrés, vencieron los obstáculos que, para el desarrollo de su empresa, se le presentaron, obstáculos que, para el mayor número de sus detractores, eran insuperables; y en 1782, se dió á la estampa en la ciudad de Parma, en idioma italiano, la obra *Origen, progresos y estado actual de toda la literatura.* La publicación de esta obra fué acontecimiento literario, que operó una verdadera revolución en las letras. Bien quisiéramos extendernos, siquiera para dar brevísimas noticias sobre el plan y partes de esta obra, que comprenden el estudio de las distintas literaturas, los progresos de las letras, sus diversas épocas, los adelantamientos, atrasos y variaciones á que han estado sujetos, con la exposición histórica filosófica de toda literatura; pero esto no es posible en las estrechas páginas de este libro, ni oportuno, haciendo solo la biografía del autor. Para demostrar el éxito que obtuvo, anotaremos algunos datos bibliográficos de este monumento literario, que inmortalizó á Juan Andrés. Su hermano, D Carlos, también natural de Planes, Diputado constituyente en las Cortes de Cádiz en 1812, por Valencia, la tradujo al idioma castellano con notable esmero y corrección, y la dió á la estampa, en Madrid, en 1784, en diez tomos en cuarto. Se imprimió también en Venecia, en 1808 y 1817; en Pisloya, en 1818; en Pisa, en 1821, y, finalmente, en Nápoles. Las revistas literarias de todos los países, encarecieron el mérito de esta publicación, y celebráronla, especialmente, la «Enciclopedia Bononieuse» de 1872, número 9; «Las Novedades literarias florentinas» de aquel año, número 47, y las «Efemérides romanas literarias» de 1783, número 5.

Después de ver la luz pública la obra predilecta de Andrés, llegó su reputación literaria á su mayor altura; los sabios de todas las naciones solicitaron su amistad á porfía, y sus dictámenes, en aquellos puntos que le

eran cónsultados, se tenían como sentencias definiti-
vas. No solo los sabios se disputaban su amistad, si que
también las Academias le abrieron sus puertas; y en
breve término, le mandaron sus diplomas, la Academia
Columbaria florentina, la de Ciencias y Artes de Mantua,
la italiana de Liorna, la Florentina, la Pontomaria de
Nápoles, la Rubicomia de Savillano, la Etrusco de Cor-
tona, la de Religión Católica de Roma, y la imperial y
Real Aretina. Tantos aplausos, hicieron eco en España,
su país natal, y nuestro Gobierno, á pesar de sus aficiones volterianas, no pudo ménos de concederle algunas pensiones, para poder subsistir decorosamente, ya
que tanto honor y fama daba á. su patria. El Rey Carlos III, se había adelantado á la munificencia de sus
Ministros, pues conocedor de los trabajos á que Andrés
se dedicaba, le regaló, en 1780, la Biblioteca Arábico
Escureiatense de Casiri, para que la utilizase en sus
estudios; y, finalmente, mandó, en Diciembre de 1786,
que en el Real Colegio de San Isidoro, se enseñase la
historia literaria por la de Andrés.

Ya llegaba Andrés en su edad á los cuarenta años,
cuando era respetado y tenido como una de las primeras
notabilidades literarias de su tiempo. El Emperador de
Alemania José II, á su regreso de Roma, pasó por Mantua, y tuvo á bien visitar á Andrés, dándole con ésto
una prueba cierta del alto concepto que de él tenía formado; igual obsequio le tributaron los Grandes Duques
de Toscana, Leopoldo y Luisa, que después subieron al
Trono de aquel Imperio; empero quien mayores muestras de distinción y aprecio dió á nuestro ilustre compatriota, fué la Princesa de Módena, María Beatriz de
Este, esposa del Archiduque Fernando Carlos, Gobernador de Milán, la cual se complacía en sostener con él
discusiones literarias, y puso á su disposición su rica
Biblioteca.

Las atenciones que le tributaron los magnates de su
tiempo, no crearon en su espíritu las miras ambiciosas
que entre los cortesanos suelen engendrar los favores
de sus señores; humilde constantemente en medio de los

honores de que era objeto, jamás el amor propio ejerció imperio sobre su ánimo, é indiferente á la pompa que le rodeaba, Andrés continuaba en sus estudios con la misma asiduidad de sus primeros años; fruto de sus tareas, fueron un gran número de nuevas obras que, sin ser de la importancia de la de *Origen, progresos y estado actual de toda la literatura*, no dejaron, sin embargo, de llamar la atención general, tales fueron, *Cartas sobre la música de los árabes, á Juan Bautista Todeniri.—Disertación del episodio de los amores de Eneas y Dido, introducida por Virgilio en su Eneida*, la cual se dió á la estampa en Cesena, 1788, y fué traducida al idioma castellano, por su hermano D. Carlos. *Cartas familiares á su hermano D. Carlos, dándole noticias de sus viajes literarios por Italia, ilustrando muchos monumentos de las nobles artes y de las ciencias, y la memoria de sus ilustres profesores, etc.* Esta obra fué traducida á varios idiomas, y estimada en gran manera por los eruditos; *Carta sobre el origen y vicisitudes del arte de enseñar á hablar á los sordomudos en italiano*, fué impresa por primera vez en Viena, en 1765, y reimpresa sucesivamente en Venecia, Nápoles y, por último, en Madrid. *Carta á D. Carlos Andrés, sobre la literatura de Viena*, que fué publicada, en Madrid, en 1794; el sabio Luis Brera, la tradujo al italiano, editándola en Viena, en 1795.

Por este tiempo, los acontecimientos revolucionarios de la República francesa, habían puesto en conmoción los ánimos de toda Europa, especialmente en Italia, amenazada de una próxima invasión por el Ejército de Napoleón que, en Marzo de 1796, se incorporó al cuartel general instalado en Niza; Andrés, previsor como hombre de ingenio, conociendo las miras que á Italia llevaba aquel nuevo Alejandro, meditó un lugar de refugio, para evitar futuras contingencias; así, al acercarse Napoleón á Mantua, en 4 de Julio de 1796, Andrés abandonó esta ciudad, para él tan querida, y se retiró á Colorno, pintoresco pueblo, cuyos fértiles campos riega el Baganza, afluente del Po, al lado del sabio Pignatelli.

En su nueva residencia, Andrés se dedicó á la enseñanza de la juventud que acudia al Colegio que Pignatelli dirigía, empero en esta benemérita ocupación, no debía continuar muchos años. Los azares de la fortuna no son siempre favorables; y los reveses que los franceses sufrieron, les obligó á concentrarse sobre los Alpes, dejando libre á los austriacos el Milanesado y la Lombardía; entonces, el Emperador Francisco II, procuró cortar la propaganda republicana que tras sí llevaban los Ejércitos franceses, y pagando merecido tributo al talento é ilustración de Andrés, puso, bajo su dirección, la célebre Universidad de Pavía, entonces invadida por las doctrinas del sínodo de Pistoya, condenadas en la célebre bula *Auctori fidei*. El celo que nuestro comprovinciano desplegó en la ardua empresa que se le confiara, hizo que se le cometiera además el honorífico encargo de formar un plan general de estudios.

En medio de estas arduas tareas, que le daban gran autoridad en el concepto público, continuaba, en ratos de solaz y pasatiempo, cultivando las letras; y en 1797, entregó á la Sociedad de Apolo el original de una obra de relevante mérito, que fué editada á expensas de la misma, y era un catálogo de los códices manuscritos de la casa Capilupi, de Mantua, que fué traducida al idioma castellano por su repetido hermano, publicándose en Valencia en 1799. También, siguiendo la costumbre que había adoptado de escribir, en forma de cartas, importantes estudios, dirigió en los años 1799 y 1801, desde Parma y Pavía, á su hermano D. Carlos, varios extensos trabajos, en que le comunicaba gran número de noticias literarias, las cuales vieron la luz pública en Valencia, en 1802. Tanta aceptación del público ilustrado merecieron, que en el mismo año fueron traducidas al alemán, por el sabio Schmid, y publicáronse en Weimar.

Los azares de la guerra, volvieron de nuevo á inquietar á Andrés; Napoleón, imitando á Aníbal, había franqueado la inaccesible barrera de los Alpes, y el Ejército francés, semejante á un torrente de lava, descendiendo de la cumbre del monte San Bernardo, se esparció por las fértiles llanuras regadas por el caudaloso Po, y, á mediados de Mayo, entró triunfante en la ciudad de Pavía. El Capitán del siglo, concedió á Andrés el título de individuo del Instituto nacional, y el de Académico de la Crusca; pero nuestro comproviuciano renunció estos honores y se retiró á Parma, donde el Duque le recibió con benevolencia. Varias comisiones cerca del Papa, el nombramiento de Superintendente de los estudios de aquel Ducado, y, finalmente, el de Bibliotecario mayor, fueron las muestras de consideración y respeto que se le concedieron en aquella ciudad. En ella dió á luz, en idioma italiano, las obras siguientes: *Carta al Sr. Abate Jaime Morelli, sobre algunos códices de la Biblioteca capitular de Novara y Jeccelli. Carta sobre el estado de la literatura española á Octavio Ponzini. Antonii Agustini Archiep. Tarraconensis Epistole latine et italice nunc primum edite.*

La Corte de Napoleóu restableció en 30 de Julio de 1804, el Instituto fundado por San Ignacio de Loyola, al que perteneció nuestro Andrés, el cual, con júbilo, partió á aquella ciudad á unirse con sus antiguos compañeros, que le destinaron á confesor y predicador de los presos de las cárceles; pero apenas tuvo el Rey noticia que Andrés había fijado su residencia en su capital, le llamó, y le nombró Vocal de la Suprema Junta, luego individuo de la Corporación de la Real Biblioteca, y, finalmente, Director del Seminario de nobles.

Después de la batalla de Austerlitz, quedó Napoleón dueño de los destinos de Europa; el Reino de Nápoles, posesión de la casa de Borbón, no debía escapar á sus ambiciosas miras, y su hermano José fué coronado Rey de este delicioso país. Andrés no podía quedar en sosiego bajo la dominación, aunque efímera, de este Monarca, pues además de su condición eclesiástica, había recibido favores y honores de los Borbones. No fueron vanos sus recelos, y resignóse á dejar á Nápoles, á virtud del decreto de 3 de Julio de 1807, por el que se disolvía la Compañía, y mandaba que, dentro del tercer día, saliesen del Reino todos los individuos que no fuesen de él naturales. Andrés no era una inteligencia vulgar, cuya pérdida fuese indiferente; los literatos napolitanos interpusieron su valimiento con el nuevo Soberano, á fin de que el ilustre español no se ausentara de aquella ciudad; y José Napoleón, ménos absoluto que su hermano, y más dado á las letras que al ejercicio de las armas, accedió á sus ruegos, principalmente de los de Scotti, y permitió, y aun se interesó, porque Andrés no dejase á Nápoles.

Debemos mencionar, en este lugar, un hecho extraordinario, que, relacionado íntimamente con la historia y artes en general, imprimió determinada dirección en el ingenio de Andrés, hasta entonces preocupado en primer término en las tareas literarias, llevándole después por el campo de la arqueología, á hacer investigaciones sobre las ruínas de Pompeya y Herculano. Cierto día, en el año 1748, un labrador, ocupado en las faenas agrícolas, como á media hora del mar, y á vista del Vesubio, sacó á la superficie del suelo, con la reja de su arado, una estátua de bronce de singular belleza; al poco tiempo, unos operarios que se hallaban practicando los cimientos de un acueducto para la fábrica de armas de Torre de Annunziata, cerca del lugar donde se encontró aquella estatua, descubrieron también hermosos chapiteles, y después importantes ruínas de un templo, que, reconocimientos posteriores, probaron haber estado consagrado á la Diosa Isis. La noticia de estos descubrimientos llegó á oídos del Gobierno, quien mandó practicar escavaciones, y se identificaron los solares de las ciudades romanas Pompeya, Herculano y Strabies, sepultadas bajo un mar de lava, arrojada por el Vesubio, en el año 73 de la Era Cristiana, de cuyo horroroso siniestro fué testigo Plinio el Naturalista.

El Rey José, amante como el que más de las bellas artes, imprimió gran actividad á aquellos trabajos de exploración; y para que éstos fuesen útiles y provechosos, creó, en 19 de Marzo de 1807, la Academia Herculanense, con el título de «Antigüedades y Bellas Letras». De los veinte individuos que nombró para que la formasen, fué el primero, nuestro Andrés.

A José Bonaparte sucedió, en el Trono de Nápoles, Murat, quien continuó dispensando á Andrés las mayores muestras de consideración; así, en 21 de Marzo, de 1809, le confirmó en el cargo de Prefecto de la Real Biblioteca; en 15 de Noviembre de 1813, le nombró Vocal de la Junta de examen de los establecimientos especiales de Instrucción pública, y, finalmente, en 13 de Febrero del siguiente año 1814, Secretario perpétuo de la Academia de antigüedades. A pesar de su avanzada edad, desempeñó estos cargos con celo y actividad laudables; el ingenio de Andrés no envejecía, y siempre entregado á los estudios, produjo, durante esta época, las siguientes obras, que quedaron inéditas: *Disertación sobre dos inscripciones encontradas en el templo de Isis, en Pompeya. Disertación sobre el culto de la Diosa Isis. Disertación histórica sobre el descubrimiento de Herculano y Pompeya. Memoria sobre una inscripción latina, publicada en la disertación Isagógica, á la explicación de los papiros Herculanenses. Ilustración de una inscripción que está sobre un erma ó busto de Cayo Norbano. Disertación sobre la insalubridad de los aires de Baía, y sus causas.*

La restauración borbónica en Nápoles, no causó nuevas molestias á Andrés, antes bien, el Rey D. Fernando le recibió con agrado, y le confirmó en los empleos que le concedieron José Bonaparte y Joaquín Murat. Nuestro comprovinciano, para mostrarse agradecido á tanta deferencia, hizo la historia de la Biblioteca que á su cargo tenía, detallando las vicisitudes que sufrió, y dando curiosísimos é interesantes datos bibliográficos sobre la misma; esta obra fué dada á la estampa en Nápoles, en 1816, con el título: *Anécdota greca et latina ex Miss. Codicibus Biblioteca Reji Napolitane depromple Vol. I. Prodamos accurante Joa. Andresio.*

La avanzada edad de nuestro Andrés, su asiduidad en los estudios y el poco descanso que se permitía, fueron causa de la mayor de las desgracias que le aquejaran durante los variados accidentes de su agitada vida; esta desgracia fué la pérdida total de la vista, á consecuencia de unas cataratas que en ella se le formaron. Su vida literaria, puede decirse que terminó desde entonces, pues aunque continuó cultivando las letras, con el auxilio de su Secretario Francisco Manefa, joven napolitano, á quien había instruído extensamente en los idiomas hebreo, griego, latín y en las ciencias que poseía, estas ocupaciones, más bien eran manifestaciones de su inveterada costumbre de estudiar, que tareas propuestas á un fin determinado. Se ignora si sus obras: *De comentari á Eustario sopra Homero, é de traduttori de essi*, y la *Ilustración ó explicación de un mapa geográfico de 1453, y manifestacion de las noticias que se tenían de las Antillas en aquella época*, las produjo después de perder la vista, pues no llevaron indicación del año, ni del establecimiento tipográfico en que se imprimieron.

Al largo inventario de las obras literarias debidas á Andrés, débense añadir las siguientes, que permanecen inéditas, sin duda, porque su autor, apurado por su ceguera y falto de recursos, se hallaba imposibilitado de sufragar los gastos de impresión; estas fueron: *Noticias históricas pertenecientes á Meliseni, sacadas de un Códice de la Real Biblioteca de Nápoles.—Noticias del Monasterio de San Nicolás de Casole, en las cercanías de Otranto.—Indagaciones acerca del uso de la lengua griega, en el Reino de Nápoles.—Noticias de dos poemistas griegos, de Juan Otranto y Jorge de Gallipolli, del siglo XIII, existentes en la Biblioteca Laurenciana de Florencia.—Memoria sobre las ventajas que pueden sacarse de los títulos de los Códices.—Utilidad del estudio de los Códices.—Tratado de la figura de la tierra.—Discurso sobre la autoridad pontificia.*

Por fin, Andrés debía pagar el general tributo á la naturaleza, imperiosa ley de la que nadie se halla exento. A poco tiempo de quedarse ciego, le sobrevino un decubito de humores y, preveyendo su próximo fin, solicitó del Rey D. Fernando, retirarse á Roma; en esta ciudad, se presentó á los Reyes de España Carlos IV y María Luisa, á quienes ofreció la historia del Duque de Parma, que no había podido dar á la estampa, por sus achaques. Las dolencias de Andrés aumentaron de modo, que la muerte les puso término, en 12 de Enero de 1817; no decimos que murió, porque por su virtud, por su saber y por su abnegación, eternizó su nombre, y su fama presenta siempre vivos los altos hechos que llevó á cabo, para ejemplo de generaciones.

La noticia del fin de Andrés, se esparció rápidamente en toda Europa; y á su memoria, dedicaron sentidas frases y cumplidos elogios los periódicos de Francia, Italia y Alemania, el «Diario de Roma» de 16 de Enero, el de Valencia de 10 de Abril, y la «Gaceta de Madrid» del 22 del mismo mes. La Academia Herculanense, publicó el discurso que el sabio anticuario Scotti, en su honor compuso; y una magnífica inscripción labrada en marmol, expuesta en la ciudad de Roma, bajo el busto de nuestro grande hombre, patentizó las dotes de ingenio, el vasto saber, con la sencillez, ingenuidad y humildad cristiana que le distinguieron.

¿Y su patria, cómo houró á su hijo Andrés? con la mayor indiferencia. Gracias á su hermano D. Carlos, sus más importantes obras, fueron vertidas al idioma castellano; pero sus ediciones se agotaron bien pronto, de modo que fueron conocidas de pocos.

En vano buscaremos en nuestras Bibliotecas populares, escasas en número, por cierto, algunas de las obras de este afortunado ingenio; en sus estantes, atestados de novelas y de obras de asuntos superficiales, no hay plaza para sus meditados estudios; y si alguien tuviese en su poder alguna de estas obras, su paradero no es equívoco, tarde ó temprano, tendrán el mismo fin que otras semejantes, por ejemplo, las de Montengón, cuyos libros vendidos al peso en las especierías, sirven sus hojas para envolver embutidos, y, por este medio ignominioso, muchas veces hemos podido deleitarnos leyendo bellísimos trozos de clásica literatura. ¡Y eso que nos hallamos en el siglo de las luces!

Juan Sala

(N. 1731—M. 1806)

IGAMOS nuestra serie de biografías, con la del ilustre jurisconsulto D. Juan Sala, cuyas obras, acerca del derecho patrio, han ejercido, por muchos años, una influencia directa en la enseñanza de las Universidades.

La villa de Pego, en la provincia de Alicante, fué patria de este eminente Letrado, que nació el 19 de Febrero de 1731, siendo sus padres Miguel de Sala y Ana María Bañuls, personas acomodadas y, con justicia, apreciadas de sus conciudadanos, por las relevantes virtudes que les adornaban. Desde muy temprana edad, el joven Sala inclinaba sus aficiones al estudio, y sus padres, sin tener en cuenta su delicada salud, le llevaron á la Universidad de Valencia, donde cursó las asignaturas de Filosofía y Jurisprudencia, con gran lucimiento; luego, bajo la dirección del distinguido Profesor D. Francisco Ballester, emprendió el estudio de las Matemáticas; pero tal fué la aplicación que desplegó en esta ciencia, y tales sus vigilias, que su salud, ya de sí endeble y quebradiza, se resintió de modo, que enfermando de calenturas y dolores reumáticos, tuvo que suspender sus comenzados estudios, por mucho tiempo, aun después de su convalescencia, pues ni leer podía, tan debil quedó de la cabeza.

Repuesto de su enfermedad, á la edad de diecisiete años, emprendió de nuevo sus tareas escolares; y, ocupándole por entero el estudio de las leyes, hizo en esta facultad tan notables adelantos, que en el certamen público celebrado en 1749, sobresalió, notablemente, sobre el nivel común de sus condiscípulos, é hizo preveer á sus Profesores la gran autoridad que, con el tiempo, y por su saber, debía alcanzar. Empero sus antiguas dolencias le fatigaron de nuevo, y con tal crudeza, que pusieron en peligro su vida, obligándole, en 1751, á abandonar la Universidad y restituirse á su pueblo natal, para atender al restablecimiento de su salud.

En nadie mejor que en el joven Sala, se comprobaba la verdad de que el hombre viene á la vida con un fin determinado, según sean las facultades del alma. Rico, pues sus padres poseían pingüe patrimonio, y con la imposibilidad de continuar sus estudios, por sus achaques, ¿qué más natural que resignarse á abandonar para siempre las aulas y dedicarse á otra ocupación que no fatigase su espíritu? Pero Sala había nacido para ocupar un puesto eminente como jurisconsulto, y su genio había de escalar este lugar, aun arrostrando grandes peligros y penalidades.

El descanso que se permitió en su pueblo natal, alivió algún tanto sus dolencias, y como si el estudio le arrastrase con imperiosa fuerza, el joven Sala, no bien del todo terminada su convalescencia, volvió á emprender sus tareas escolares, graduándose, en 1753, de Bachiller y Doctor en la facultad de Derecho, siendo entonces de edad de veinticuatro años. Lucidísimos debieron ser sus ejercicios, para obtener estos títulos académicos, pues en aquellos tiempos, no así como quiera, se concedían estos honores universitarios; aún el interés del Erario público no gravitaba sobre los establecimientos de enseñanza, con el peso que hoy les anonada, y los grados académicos no se conferían mediante pago de honorarios, sino se otorgaban al talento y al saber, en los estudiantes que descollaban de un modo eminente. Tercera vez tuvo que abandonar la Universidad, para atender al restablecimiento de su salud; su delicado estado no le permitía mucha vigilia, y solo su voluntad firme y afición desmedida por los libros, pudieron vencer el insuperable obstáculo que se le presentaba, para entregarse de lleno á su predilecta tarea.

Al cabo de once años de reposo, en 1764, como se hallase repuesto de sus dolencias, recibió las sagradas' órdenes, y como se encontrase fuerte, merced á tan largo período de tranquilidad, se presentó á oposiciones á una de las Cátedras de la Universidad de Valencia, que el ascenso del Doctor D. José Madroño dejó vacante, la cual regentó diligente Sala, primero como sustituto, y luego en propiedad.

A poco tiempo después, vacó otra Cátedra en el mismo establecimiento, también por ascenso de su propietario D. Luis Caprera, y como fuese grande la reputación de sabio que gozaba nuestro Sala, se le concedió este puesto, como más honorífico que el anterior. El cultivo de las ciencias, para ser fructífero, exige tiempo y tranquilidad de ánimo, auxiliares poderosos de la inteligencia; y de estos dones, pudo desde entonces gozar á sus anchas nuestro diligente jurisconsulto, pues su primera atención, solo era el desempeño de su Cátedra, que le ocupaba una parte del día; así pudo consagrar largas horas á serias y profundas investigaciones sobre arduos problemas jurídicos, especialmente de los que nacen del Derecho civil romano, origen de las diferentes compilaciones que sirven de base á las varias legislaciones, en la actualidad vigentes en Europa.

Y en verdad que fué oportuna la época en que Sala se entregó de lleno al estudio del Derecho. El excesivo respeto, casi supersticioso, que las Universidades del Reino tributaban á los diferentes Cuerpos de doctrina y Códices de las antiguas leyes romanas, desviaron á la

gran mayoría de los comentadores y tratadistas del camino trazado por los insignes maestros, notables legis-
tas, que ilustraron la jurisprudencia patria con sus trabajos científicos, reinando los primeros Monarcas de la
casa de Austria, como fueron D. Diego Covarrubias,
Molina, D. Antonio Agustín, Menchaca y otros; y á tal
extremo llegó el desvío hacia la legislación española
en tiempos posteriores á estos insignes maestros, que
los Códigos nacionales quedaron en completo desuso,
sino olvidados enteramente. Un cambio radical era urgente que se operase en el campo del Derecho, y éste,
fué iniciado por el sabio D. Melchor de Macanaz, Fiscal
del Consejo de Castilla, á cuyas instancias, este alto
Cuerpo proveyó auto en 1713, encargando, eficazmente,
á las Chancillerías, Audiencias y demás Tribunales del
Reino, la observación de nuestras leyes, y conminó,
con graves penas, á los inobedientes; empero el mal
tenía echadas hondas raíces, y costumbre de tan antiguo respetada, no era facil desterrarla, mayormente,
cuando no existía ninguna Cátedra donde se enseñase
el Derecho patrio, siendo bien notoria la ignorancia que
de él tenían los Jueces y Abogados, al comenzar á ejercer sus cargos ó á desempeñar su profesión. Los propósitos de Macanaz, fueron vivamente secundados por el
Marqués de la Ensenada, Ministro de Fernando VI; y,
por este tiempo, en la segunda mitad del siglo XVIII,
floreció aquella legión de notables jurisconsultos que
restituyeron al Derecho patrio su antiguo explendor,
entre los que sobresalieron Mayanz, Lardizabal, Campomanes, Jovellanos, Asso, de Manuel, Burriel, y, entre
éstos, nuestro ilustre D. Juan Sala.

Las ordinarias dolencias que de contínuo le aqueja-
ban, fueron causa de que su actividad intelectual no
fuera tan precoz como su ingenio y vasta instrucción
prometían, empero si fueron escasos los frutos de su
inteligencia, se presentaron éstos tan sazonados y nu-
tridos á la meditación de los eruditos, que Sala, por
sus escasas obras, fué estimado en más que otros que
las dieron copiosas y de variadas materias.

La primera que dió á luz, en 1779, contando ya cuarenta y ocho años de edad, tituló *Vinnius castigatus, alque at usum tyronum hispanorum accommodatus in quorum gratium hispano leges opportunioribus locis traduntur.* Esta obra es un detenido estudio de la que, con autoridad omnímoda, dominaba en las Escuelas, escrita por el célebre holandés Arnoldo Vinnen, con el título *Institutionum imperialium commentarius*, que venía á ser el mejor tratado de las instituciones del Emperador Justiniano.

Notando Sala que la obra de Vinnen (en latín Vinnius) adolecía, en el concepto de tratado elemental para el uso de las Escuelas, de graves faltas, por la extensión que daba á determinadas materias, emprendió su revisión, y quiso, obedeciendo á las exigencias del moderno espíritu innovador, dar á su trabajo un plan conveniente para que pudieran cotejarse con facilidad las leyes vigentes en España, con las del Derecho romano; así, á imitación de los glosadores de la escuela de Bolonia, que tanta celebridad dieron á aquella Universidad en los siglos medios, añadió, á los márgenes respectivos, los concordatos del Reino, y, al final de muchos capítulos, las disposiciones vigentes del Derecho patrio. Para hacer más completa su obra, y darle mayor utilidad, le adicionó un tratado sobre la sucesión intestada, y una teoría completa, dividida en capítulos, sobre las mejoras de tercio y quinto, mayorazgos, censos, retractos, y, finalmente, sobre la sociedad conyugal y bienes gananciales.

Dos numerosas ediciones de esta obra, fueron agotadas en muy corto tiempo, prueba evidente del gran favor que mereció del público ilustrado. Esto, le estimuló poderosamente á perfeccionar su *Vinnius castigatus*, pues estimó oportuno compendiar más el texto de las antiguas leyes, y ampliar las citas de las disposiciones legales del Derecho nacional, enriqueciéndolas con notas y apéndices; en su consecuencia, dió á luz en 1788, sus *Instituciones Romano Hispan ad usum tyronum hispanorum ordinat*, obra que se editó de nuevo en 1795.

Donde á más alto grado se elevó el talento de Sala, y en donde más patentes hizo ver sus vastos conocimientos en jurisprudencia, fué en su obra: *Digestum Romano Hispanum, ad usum tyronum adornatum*, el mejor quizás de sus trabajos jurídicos.

Contiene un extenso comentario de todos los libros del Digesto, aquella obra monumental en cuya elaboración consumieron tres años en pesadas vigilias los más distinguidos jurisconsultos, que florecieron bajo el reinado del Emperador Justiniano, y que comprendía extractos de dos mil tratados, y las obras de treinta y nueve antiguos tratadistas. Sala, á cada título de su obra, añadía los concordantes del Derecho español; y así la hizo, no solo obra de consulta y de estudio, sino también un compendio práctico de aplicación inmediata en el ejercicio de la facultad de Derecho.

Siguieron á estas obras, la que tituló: *Jurium Romani et Hispani Historia*, que se publicó en 1798; la cual no cedía á las anteriores en mérito é interés, empero el trabajo que contribuyó, en primer término, á popularizar y hacer respetable el nombre de nuestro esclarecido Letrado, fué su ilustración del Derecho Real de España, que dió á luz en la ciudad de Valencia, en 1803, el cual fué declarado libro de texto para las Universidades del reino. Sala tuvo que estudiar, detenidamente, más de cincuenta y tres tratadistas españoles, para llevar á cabo su interesante compendio, que, aun en nuestros días, á pesar de las profundas alteraciones que se han introducido en el Derecho patrio, es consultado con gran respeto, y continúa siendo una de las compilaciones más interesantes que se conocen.

Tanta asiduidad en los estudios, exacerbaron sus dolencias; de modo, que, á pesar de los importantes cargos que desempeñaba en Valencia, pues el Arzobispo don F. Joaquín Compañy le nombró su Vicario general, tuvo que ausentarse de esta ciudad, y pasó á Madrid por ver si el cambio de clima le producía algún alivio en sus dolencias; pero á su regreso á la Corte, exhausto de fuerzas, y atacado de un fuerte accidente, rindió su alma á Dios, hallándose de paso en el pueblo de Rotgla, el viernes 29 de Agosto de 1806, á su edad de setenta y siete años, y sus cenizas fueron depositadas, con extraordinarias exequias, en la Iglesia Matriz de la ciudad de Játiva.

Esta fué la vida del ilustre D. Juan Sala, pavor de la Catedral de Valencia, y estos fueron sus merecimientos. Aun se conserva, en la villa de Pego, su riquísima Biblioteca, cuyas obras, pertenecientes á cuantas ciencias contiene el vasto repertorio del saber humano, acusan, elocuentemente, una inteligencia extraordinaria, nada común, en la persona que la formara.

Eleuterio Llofriu y Sagrera

(N. 1835—M. 1880)

VAMOS á escribir la biografía de este distinguido literato y notable publicista, cuya excesiva modestia fué rémora constante á su medro personal, y cuya probidad y honradez ofrece el ejemplo, poco frecuente, de un empleado virtuoso, digno de ser imitado.

Nació D. Eleuterio Llofriu y Sagrera, en la ciudad de Alicante, el día 29 de Agosto de 1835, siendo sus padres, D. Joaquín y Doña Antonia, quienes dieron á su hijo una educación esmerada, inclinando sus aficiones al estudio, por cuyo medio debería alcanzar, andando el tiempo, honor y gloria, aunque no abundantes beneficios, pues de la pluma pocos patrimonios se levantan.

Llofriu vino al mundo en una época de renacimiento científico y literario; y, ciertamente, el movimiento intelectual inaugurado durante la Regencia de la Reina Doña María Cristina, favoreció poderosamente las inclinaciones del joven alicantino, lánzándole, en edad ya adulta, por la atrevida senda de las teorías modernas, sobre la organización del Estado, los poderes públicos y las libertades populares; también el espíritu de reforma, que tan hondos sacudimientos había causado en Europa, en siglos anteriores, influyó, aunque de un modo indirecto, en su enseñanza. Si Llofríu hubiese nacido algunos años antes, sus padres, á no dudarlo, le hubiesen dedicado al estado eclesiástico, único que parecía acomodarse á su caracter bondadoso y apacible; pero cuando hubo oportunidad de llevarle á una Cátedra, la piqueta revolucionaria y anticatólica había derribado los antiguos Monasterios, centros exclusivos, hasta entonces, de educación. Los antiguos Colegios, sujetos siempre á la potestad eclesiástica, fueron reemplazados por los Institutos provinciales, cuya enseñanza era más científica que religiosa, y la inteligencia de Llofríu creció bajo la poderosa influencia de las modernas tendencias á la libre investigación de cuantos problemas se ofrecen en todos los ramos del saber humano.

Terminados sus estudios en el Instituto de esta ciudad, con extraordinario lucimiento, se graduó de Bachiller en Artes, en la Universidad de Valencia, y pasó luego á la de Madrid, donde cursó la facultad de Derecho, recibiendo el grado y título de Doctor, en Noviembre de 1860, tras brillantes ejercicios, tanto de prueba en los exámenes ordinarios de cada asignatura, como en los de reválida, para obtener su título de Licenciado.

Terminados sus estudios, el joven jurisconsulto no se mostraba inclinado al foro, pues no era de su agrado el ejercicio de una profesión que, aunque noble y muy respetada, ha de patrocinar y defender muchas veces como buenos y lícitos, hechos que del dolo y fraude nacieron; así, pues, buscó en el ancho campo que las letras ofrecen, los medios de conseguir una posición decorosa é independiente. Bueno es advertir, aunque solo sea de paso, que Llofríu, ya que tenía natural aversión á los procedimientos jurídicos, pudo haber ingresado en otras carreras, pues entonces, la fatal manía de reglamentar aun no había tomado los vuelos extraordinarios de nuestros días, encadenando, por ello, las inteligencias á estrecho círculo de hierro; pero no, sintiéndose alentado por los estímulos de honor y gloria, se lanzó al cultivo de las letras, en cuyo campo tan abundantes frutos había de cosechar.

La primera obra literaria que dió á luz, fué una novela de costumbres, titulada *María del Mar*. Bien quisiéramos detenernos para hacer algunas consideraciones en honor de esta producción, en la que manifestó el autor sus relevantes dotes de ingenio, y sus felices disposiciones para el cultivo de este género de literatura, cuyas dificultades no todos pueden vencerlas con éxito; baste decir, que la aparición de la novela *María del Mar*, fué celebrada sobremanera en discretísimos juícios, recibiendo su autor entusiastas felicitaciones, entre las que debemos mencionar, con especialidad, las del distinguido literato D. Antonio de Trueba, uno de los más sobresalientes novelistas contemporáneos. *María del Mar* fué traducida á varios idiomas, y editada diferentes veces en Portugal.

A esta preciosa producción, siguieron luego otras de no menor mérito é interés; mas Llofriu, cuya inteligencia abarcaba extensos horizontes, y cuyo poderoso ingenio no sufría con resignación el yugo estrecho de determinadas imposiciones, quiso cultivar también, á par de la novela, la poesía dramatica; y sus ensayos, bajo este concepto, merecieron igualmente justos elogios: *Aquí fué Troya*, pieza en un acto y en verso, fué recibida por el público con transportes de entusiasmo; luego dió á la estampa, y se pusieron en escena, *El Mesías prometido*, *La Azucena* y otras piezas en verso, que crearon para su autor sólida reputación de distinguido literato.

Llegado á esta altura el nombre de Llofriu y Sagrera, vino á hacerse popular, y entre los que al cultivo de las letras dedicaban sus ratos de ocio, muy querido y respetado. *La Cruz de los Matrimonios*, novela de costumbres, fué considerada, unánimemente, como ejemplar, por su interesante argumento, su narración viva y dramática, sus múltiples episodios enlazados íntima y naturalmente á la acción principal, y por su dicción correcta y esmerada. La lectura amena, instructiva por demás, de este libro, le hace, no solo de recreo y pasatiempo, si que también útil y provechoso, en alto grado, y de los que siempre serán leídos con interés. Asimismo fué muy celebrada su valiosa producción *Martirio y Resignación*, por la regularidad y belleza de su argumento, así bien, por su estilo sencillo y correcto.

Llofriu y Sagrera, en las producciones de su ingenio que llevamos dicho, puso á envidiable altura su reputación literaria; mas como el deseo corre siempre tras una idea que estimula sin cesar, no bien había ocupado un lugar distinguido en la república de las letras, como novelista y poeta, quiso también demostrar que su inteligencia era capaz de emprender serias investigaciones en el campo de la historia y del Derecho público. Su lucida y extensa disertación, que, en forma de libro, dió á la estampa bajo el título: *Consideración histórica filosófica acerca del siglo* xv, fué una prueba evidente de sus vastos conocimientos en las ciencias políticas, así como de su prudencia y tacto exquisito, al tratar y discurrir sobre los espinosos problemas sociales que se presentan, cuando se medita sobre la civilización y cultura de los pueblos de la Edad Media.

A esta sazón, Llofriu y Sagrera había cumplido ya sus treinta años de edad, y tomado estado. Como las atenciones de familia imponen al hombre deberes ineludibles que cumplir, deberes que, muchas veces, encadenan y regulan las inclinaciones y hábitos de la juventud, nuestro erudito literato viose obligado entonces á buscar una ocupación que le fuese más lucrativa, ya que el cultivo de las letras, desgraciadamente, solo da honra y crédito, mas poco provecho. Solicitó, y obtuvo, hallándose en el Poder el eminente tribuno D. Emilio Castelar, y de Ministro de la Gobernación su paisano y amigo D. Eleuterio Maisonnave, una plaza de Oficial en el Ministerio de la Gobernación, la cual desempeñó con celo y probidad intachable.

Su nueva ocupación le facilitó materiales abundantes para escribir una obra de gran interés, la cual, si al tiempo de su publicación, por circunstancias especiales, no fué leída con avidez, es indudable que sera para los tiempos venideros, cuando se trate de hacer historia sobre los hechos contemporáneos, un precioso documento, abundante repertorio de noticias, y galería curiosa de nuestros hombres políticos que más parte tomaron en los acontecimientos que se sucedieron bajo el Gobierno de Castelar; este libro, es la historia verídica é imparcial de la insurrección cantonal, que puso en duro trance al Gobierno de este eminente hombre de Estado, y á punto de destruír la unidad política de la Nación, á costa de tantos sacrificios alcanzada.

Bajo este mismo concepto, es notable también su *Historia de la insurrección de Cuba*, donde se relatan minuciosamente los episodios de esa sangrienta y malhadada lucha, hasta que se firmó el tristemente célebre convenio de Zanjón, con las circunstancias de veracidad, probidad y recto criterio, que tan dignas de aprecio hacen las obras de este distinguido alicantino.

Las tareas diarias á que se veía reducido Llofriu y Sagrera, por razón de su empleo, no abatían su esforzado ánimo, ni eran poderosas á amenguar su actividad incansable; á la vez que se hacía notar en la oficina, por su laboriosidad, mereciendo por ello la Cruz de Mérito Militar, fundaba Asociaciones filantrópicas, como la Sociedad de socorros, á beneficio de los empleados de los ferrocarriles, y dirigía importantes publicaciones periódicas, como el «Album de las familias» y la «Revista de establecimientos penales», sin abandonar, por ello, su afición predilecta, cual era el cultivo de las letras, dando hacia aquel tiempo, para la escena del teatro Martín, su preciosa comedia *El Galileo*.

Sugeto como Llofriu y Sagrera, que tantos títulos reunía á el aprecio general, no podía, ni debía, quedar indefinidamente olvidado, sirviendo un cargo secundario en la administración pública, y, aunque algo tarde, pues ya había cumplido sus cuarenta años de edad, se le nombró Secretario del Gobierno civil de la provincia de Huesca, á cuya ciudad se dirigió muy luego con la esperanza, sin duda, de conseguir en su carrera las justas ventajas que, por sus servicios, tenía derecho; pero he aquí que el porvenir, que tan duras pruebas reserva al desgraciado y desvalido, le tenía oculta una cruel acechanza. A los pocos meses de hallarse en Huesca, fué atacado de aguda pulmonía, que en pocos días le llevó á la sepultura.

La muerte de este distinguido literato, acaecida en 16 de Febrero de 1880, fué universalmente sentida, pues no supo doblarse ante el afortunado, ni usó jamas de la adulación rastrera; siempre sincero y amante de la verdad, jamás apartó su vista de la senda de la rectitud y justicia; por eso gozó, constantemente, del aprecio de sus conciudadanos, aunque no disfrutó de las larguezas y favores del Poder, á quien sirvió digna y generosamente.

Tal fué la vida de este diligente cuanto erudito alicantino, cuya celebridad pasará á los fastos literarios, para gloria y honor de su pueblo natal.

Antonio Campos y Carreras

(N. 1840—M. 1870)

ENGO el honor de presentar al público, llevado por la mano, á un autor de veinte años, sencillo y bueno, como deben ser los escritores á su edad. Así principia el prólogo de D. Ramón Campoamor, escrito para la colección de fábulas dada á luz en Madrid, año 1864, por el joven y malogrado literato D. Antonio Campos y Carreras, de quien vamos á ocuparnos en la presente biografía, ya que nos prometemos fijar la atención de nuestros lectores sobre cuantos en nuestra provincia se distinguieron en el cultivo de las letras, y, sobre todo, si fueron sencillos y buenos, ó se levantaron sobre sus conciudadanos por sus relevantes virtudes cívicas; empresa que nos agrada sobremanera, pues el mayor honor que puede hacerse á nuestra patria querida, es traer á la memoria de las gentes y enaltecer á sus preclaros hijos.

D. Antonio Campos y Carreras, hijo del rico comerciante D. Antonio Campos y Domenech y Doña Juana Carreras, nació en esta ciudad de Alicante el día 9 de

Noviembre de 1840; en su infancia y primeros años de adolescencia, frecuentó las Cátedras del Instituto de segunda enseñanza de esta ciudad, en compañía de otros muchos que, andando el tiempo, habían de elevarse á los primeros cargos del Estado. Honra, y no escasa, cabe á nuestra ciudad querida decir que en este establecimiento de enseñanza fueron iniciados en las ciencias distinguidos jóvenes, que habían de ejercer, sobre el movimiento y desarrollo intelectual de la época, marcada y decisiva influencia.

Citemos de paso á Castelar, á quien muchos apellidan el Demóstenes moderno, el cual recibió, oyendo la autorizada voz de sus Profesores, las primeras ideas que, germinando luego en su poderosa inteligencia, dieron origen á las atrevidas teorías sociales que le han elevado á la altura de los primeros políticos y oradores contemporáneos; citemos también á Navarro y Rodrigo, Maisonnave, Gallostra, el Marqués de Zafra, D. José Soler, notable químico y Catedrático de la Universidad Central, conocido en Europa por sus obras científicas, que ha llegado á popularizarse, los cuales son buena prueba de la mucha parte que en el fomento de las ciencias y letras cabe á nuestro Instituto provincial; mas volvamos á ocuparnos de Campos y Carreras, quien vino al mundo con tan felices disposiciones para los estudios, que nos atrevemos á afirmar que, á no haber muerto cuando principiaba á dar muestras de su ingenio, hubiese logrado lo que á pocos está reservado; es decir, un nombre distinguido é imperecedero en la república de las letras.

El joven escolar pasó luego á la Corte á continuar sus estudios; y al ausentarse de la casa paterna, donde de contínuo se había ejercitado en la práctica de los deberes religiosos, á los que su piedad le inclinaba poderosamente, no era instigado por el afán inconsiderado de los placeres, que suelen, de ordinario, formar el bello ideal de los estudiantes que, por primera vez, se dirigen á Madrid, sino por el contrario, le acompañaba una resolución inquebrantable de apartarse de todo aquello que pudiera desviarle de la senda que, en sus buenas intenciones y mejores propósitos, se había trazado. Esta resolución hizo que aprovechase, ventajosamente, su estancia en aquella ciudad, donde el vicio campea á sus auchas; y en ella bien pronto fué conocido por su inteligencia sobresaliente, captándose el aprecio y cultivando la amistad de muchos literatos de gran valía. D. Ramón Campoamor fué, de entre ellos, quien más le distinguió y honró, recomendando al público su primer trabajo literario, ya que éste casi siempre se muestra desdeñoso contra los noveles escritores que solicitan su atención y aplausos.

Este primer trabajo literario de Campos y Carreras, fué una preciosa colección de fábulas que dió á luz en 1864, como hemos dicho. El prólogo de Campoamor, que las precede, no es muy extenso, y es bien notar que el juicioso crítico, que con satisfacción y gusto se erigía en mentor de un literato «bien intencionado y no vanidoso», y de quien decía que no pertenecería jamás á la casta de esos escritores que ven las malas acciones de los hombres antes que los hombres tengan intenciones, ni malas ni buenas, pudo apreciar, antes de su desarrollo, las raras dotes de inteligencia de su recomendado, y, con gran verdad y acierto, midió las cualidades dominantes que, andando el tiempo, habían de distinguir las producciones del entonces novel escritor.

Puede afirmarse que lo que existe, preexiste en su germen; así las fábulas de Campos y Carreras, á que aludimos, contienen en embrión los atributos y circunstancias que luego habían de formar los caracteres propios, la índole, el gusto dominante de sus escritos; así el tiempo y la experiencia debían demostrar la certeza de las palabras de Campoamor, cuando dijo: «Este libro (la colección de fábulas) es más bien una esperanza que una realidad, aunque en realidad, es un libro que revela á un autor sencillo en los asuntos, natural en los nsamientos, sobrio en la forma, modesto hasta la nidez, y moral hasta rayar en lo escrupuloso. A los e quisieran en nuestro fabulista un poco más de romanticismo en la concepción de los asuntos, y una moral un poco más traviesa, aunque fuese un poco ménos moral, les aplazó para dentro de pocos años que el autor escribirá la segunda parte de estas fábulas, y yo haré la segunda parte de este prólogo.»

La segunda parte de estas fábulas fué escrita, pero su autor no tuvo el placer de verla publicada, ni pudo, por lo tanto, Campoamor cumplir su ofrecimiento; no quedaron por ello estas producciones expuestas á perderse enteramente, contingencia que corren todos los manuscritos que no forman parte de alguna Biblioteca pública; verdad es que hoy no se encienden chimeneas con libros, ni con papeles impresos se forran sillas para montar, mas, en cambio, se destruyen Bibliotecas y Archivos, cuyos libros se venden á peso para las tiendas de mercaderes, y no es extraño ver que en éstas se lían embutidos con hojas manuscritas de algún precioso y raro Códice, ó que contenga poesías inéditas de inestimable mérito: los tiempos en esto no han variado.

Las fábulas inéditas de Campos y Carreras, que, por su número, bien pudieran formar un tomo voluminoso, fueron viendo la luz pública lentamente en «El Semanario Católico» de esta ciudad, cuya fundación se debe á este distinguido literato. La fundación de esta revista religiosa, puédese considerar, con justicia, como eminente servicio prestado á las letras y á la causa de la religión: «Gracias á Dios, decía el piadoso escritor al dar á conocer sus propósitos, no venimos á la prensa para ser eco de ningún partido político: fundamos este «Semanario» porque, en nuestros tiempos, son tantas las publicaciones que, ya encubierta ya descaradamente, atacan la religión verdadera, aquí en esta misma nobilísima tierra de España, en donde el amor á esa religión fué siempre un fruto indígena, que es ya de urgente necesidad el oponer por doquiera á los escritos en que se la ofende, otros consagrados exclusivamente á su defensa.»

«El Semanario Católico» dejó de publicarse en 1887, cuando contaba de existencia muy cerca de dieciocho años; verdadera longevidad en una población donde los periódicos que responden á las exigencias y circunstancias del momento, tienen una vida efímera.

Esta revista periódica, que venía á terciar en los espinosos debates que los acontecimientos de 1868 inauguraron en materia de religión, quedó huérfana de uno de sus más valiosos apoyos, pues su modesto, sencillo, inteligente y estudioso fundador, sucumbió víctima de la terrible peste que azotó la ciudad de Alicante en 1870, una de las más funestas que jamás la castigaron.

Campos y Carreras, que tanto prometía, que tan lisonjeras esperanzas había hecho nacer en el ánimo de los que se interesan por el lustre y explendor de las letras, falleció el 16 de Octubre de 1870, en brazos de su particular amigo Maisonnave, Presidente entonces de la Junta de Beneficencia, quien quiso asistir á dar el último adios á su buen compañero, menospreciando el riesgo inminente que corría al respirar el fétido ambiente que rodeaba al enfermo.

De este modo, la fiebre amarilla arrebató la vida á un escritor que, á haber vivido largos años, de seguro hubiese conquistado un nombre distinguido, y la relación de sus hechos y escritos hubiesen tomado plaza en las colección de biografías de celebridades contemporáneas, que en la actualidad se editan profusamente, y en las que, por descuido imperdonable ó por circunstancias inexplicables, apenas se lee el nombre de algún hijo de la provincia de Alicante.

Juan Sempere y Guarinos [1]

(N. 1754—M. 1830)

ACIÓ en Elda, el día 8 de Abril de 1754. Estudió Gramática, Retórica, Filosofía, Teología y Jurisprudencia, en el Seminario y Universidad de Orihuela, y en el Colegio de San Isidoro de Valencia. Con los grados de Doctor en Teología y Bachiller en Cánones, pasó dos años de práctica de Abogado en Valencia, y fué á continuarla en Madrid en el de 1780.

Recibido de Abogado en el Consejo, publicó en el año 1782, las *Reflexiones sobre el buen gusto en las ciencias y en las artes*, traducción libre de las que dió á luz en italiano Luis Antonio Muratori, con su discurso sobre el gusto actual de los españoles en la literatura.

---

[1] Está bien escrita biografía y la que sigue, las debemos al señor D. Lamberto Amat y Sempere, de Elda, escritor excelente, y conocedor, como ninguno, de las glorias de su país.

II

En 1781, escribió la Memoria *Sobre la limosna*, según el tema propuesto por la Sociedad Económica Matritense, la cual, en su invitación, ofreció el premio de cuatro onzas de oro y el título de Socio de mérito, á quien le presentara la mejor. Más de treinta recibió la Sociedad, que adjudicó el primer premio á la de Sempere. De orden del Gobierno se imprimió, al frente de algunas otras, en 1784; y en 1788 se reimprimió en Italia, traducida por el Conde Crispi.

III

En el mismo año 1784, leyó Sempere su disertación sobre la *Policít de las diversiones populares*, ante la Academia de Derecho público español, llamada de Santa Bárbara, y fué agraciada con el premio de la Medalla de cuatro onzas de plata.

IV

Su *Ensayo de una Biblioteca española de los mejores escritores del reinado de Carlos III*, principió en 1785 y concluyó en 1789. Esta obra, en cuatro tomos, fué muy aplaudida de los sabios, que, á la vez que le dieron el parabién por ella, le facilitaron noticias poco sabidas é interesantes; el Abate Andrés le envió, desde Italia, abundantes apuntaciones; Jovellanos le franqueó todos sus manuscritos; Pérez Boyer, Campomanes, Meléndez Valdés, Morajarava, Ulloa y otros, le suministraron datos apreciables; la Sociedad Económica de Madrid pidió informes á todas las demás del Reino, acerca de sus fundaciones y trabajos económicos, para entregarlos al autor; y el Conde de Floridablanca le libró 50 doblones, en Correos, para ayuda de la impresión.

V

La Real Academia florentina, en vista de la Historia

del lujo y de la Memoria sobre la limosna, nombró á Sempere Académico correspondiente en el año 1790.

VI

Historia del lujo y de las leyes suntuarias de España. También fué muy aplaudida, y á ella debió Sempere, sin solicitarlo, su promoción á la Fiscalía de la Chancillería de Granada, en 1790.

VII

Además del pesado despacho de dicho cargo oficial, escribió otras obras de particular trabajo, en defensa de la jurisdicción Real y sobre otros ramos de legislación é historia. Sobre la primera, remitió ejemplares al Conde de Floridablanca, que todavía era primer Ministro de Estado, y á todos los Fiscales de las demás Audiencias, recibiendo de unos y otros, en sus contestaciones, los mayores plácemes y elogios.

VIII

Observaciones sobre el origen, establecimientos' y preeminencias de las Chancillerías de Valladolid y Granada. En Granada, 1796. Muy confusa, hasta entonces, la historia de los Tribunales de España, y, en particular, la tan interesante del Consejo de Castilla, Sempere fué el primero que principió á aclararle. Este trabajo mereció tantos elogios como el anterior: siendo de los que más le honraron, D. Juan Pablo Forner, Fiscal del Consejo, á pesar de que cuando ambos empezaron sus respectivos trabajos literarios, sostuvieron entre sí algunas luchas sobre ellos; pero los sabios verdaderos olvidan fácilmente sus resentimientos.

IX

En el último escrito, atribuía Sempere la consolidación de la Monarquía absoluta al Consejo de Castilla, lo cual disgustó á D. Manuel Godoy, Príncipe de la Paz, Ministro universal entonces, que ya tenía dadas claras muestras de su aversión á los *golillas*, como en aquella época llamaban, para motejarles, á los hombres del foro, disgusto que hizo conocer al autor, en Real orden de 20 de Diciembre de 1796, proviniéndole sériamente le manifestara «con qué licencia y en dónde se había impreso el escrito». Esta prueba de desagrado, hizo temer á Sempere las persecuciones tan comunes en aquellos tiempos; pero salió de su fundado cuidado, al recibir un oficio muy honorífico del mismo Príncipe de la Paz, fecha 16 de Junio de 1797, en que, entre otras cosas, le decía: «que para que las providencias que S. M. tuviese á bien tomar en orden al fomento de la Industria, Agricultura y Comercio, las apoyara la opinión pública, y no se vieran contrariadas y enervadas por las mismas trabas ú obstáculos que tantas veces habían eludido las mejores providencias del Gobierno, y teniendo satisfacción de su celo y mérito distinguido, le estimaría mucho le informara, lo más conciso que le fuera posible, sobre los puntos siguientes, ciñéndose á lo que existía, se practicaba ó pudiera practicarse en aquel Reino. ¿Qué influjo podía tener la educación que entonces recibía la juventud, en la decadencia ó adelantamiento de la Industria y de la Agricultura? ¿Hacia qué ramos de ésta se debería llamar la principal atención de los pueblos de aquel Reino, respecto de las particulares circunstancias que concurren en ellos? ¿Por qué médios se había de hacer? ¿Qué caudales había en aquel Reino destinados para la enseñanza pública? ¿En qué estudios se empleaban aquellos caudales?...»

Sempere escribió su informe; y alentado por las atentas honrosas frases que le habían dirigido en dicho oficio, presentó, con aquél, su proyecto sobre la venta y buena administración de los bienes de Patronatos y Obras pías, demasiado peligroso en aquellos tiempos para el autor, siendo el primero que trataba de la desamortización de las fincas eclesiásticas, en cuya virtud fueron vendidas hasta antes del año 1820 por 2.000 millones de reales próximamente.

X

A fines del mismo año 1797, presentó Sempere al Ministro de Hacienda, D. Francisco Saavedra, otro proyecto sobre la extinción del Censo, llamado de población, en el Reino de Granada, que fué considerado como util y necesario para librar á aquella provincia de los extraordinarios abusos y males que sufría con tal gravamen; sometido á la aprobación del Rey, no solo la mereció, sino que además comisionó al autor para su ejecución, premiándole, á la vez, por éste y otros servicios anteriores, con los honores del Consejo de Hacienda y el sobresueldo de 20.000 reales. Resentidos los empleados del ramo extinguido y de su Juzgado privativo, desacreditaron cuanto pudieron la medida, así como á su autor, por lo que éste hizo la apología de aquélla, en una Monomanía impresa en Granada, en 1799, que se imprimió en el tomo cuarto de su *Biblioteca económico-política*, en cuyo tomo también se encuentra la otra Memoria que escribió y leyó en la Junta de Comercio de Granada, sobre las causas de la decadencia de la cosecha é industria de la seda en aquel Reino.

XI

La posición oficial y social que ya había alcanzado D. Juan Sempere y Guarinos, sus reconocidos méritos en la república de las letras, los sobrados medios de subsistencia con que contaba, y el pesado desempeño de su cargo de Fiscal, aunque éste, con su larga práctica en él, cada día le era más llevadizo, no fueron bastante á retraerle de su ardiente anhelo de difundir la ilustración y útiles conocimientos de que tanto necesitaba su patria: ya hacía años había notado que una de las principales causas de no haber sacado España todas las ventajas debidas de los inmensos territorios. de la

Península y sus colonias, consistía en la ignorancia de la económica política, acerca de la cual, en su historia de las leyes suntuarias, había señalado algunos errores; y, para precaverlos en lo posible, proyectó, en el año 1801, imprimir una *Biblioteca económico-política*: presentó el presupuesto al Sr. Ceballos, primer Ministro entonces del Despacho Universal, fué aprobado, se principió aquel año la impresión y se publicaron después hasta cuatro tomos en octavo.

XII

En 27 de Junio de 1803, mereció á la Real Academia de la Historia le nombrase Académico correspondiente; y en 19 de Julio de 1812, fué ascendido, por la misma, á la clase de supernumerario.

XIII

Historia de los Vínculos y Mayorazgos. Un tomo en octavo, imprenta de Sancha.—Madrid, 1805.

Las graves controversias que entonces se debatían en España acerca de esta complicada cuestión, fueron causa de que Sempere la abordara con su extraordinaria copia de luces y conocimientos; trazó, á grandes rasgos, el establecimiento de la Propiedad rural, y las distintas maneras de adquirirlas; explicó las varias especies de dominio que antiguamente hubo, de realengo, abadengo y señorío, y los apeos que, de tiempo en tiempo, se hacían para evitar su confusión; la diferencia entre los bienes alodiales y los feudales; cómo se introdujeron los foudos; cómo éstos y las dignidades de Condes, Marqueses, Duques, Adelantados, Merinos y otras muchas temporales, se convirtieron en vitalicias y, últimamente, en hereditarias; indicó las causas de la inmensa multiplicación de las enagenaciones de pueblos y otros bienes de la Corona, á pesar de las leyes fundamentales que las resistían: la de la exorbitancia de las mercedes enriqueñas, las de la oposición que hicieron los nobles á las restricciones con que su autor, al fin de sus días, quiso remediar, en algún modo, los males producidos por su prodigalidad, y concluyó explanando el origen y progresos de la amortización civil y eclesiástica, los bienes y males producidos por las adquisiciones de las manos muertas, y los vínculos y mayorazgos; copió muchas peticiones con que las Cortes solicitáron varias veces la reforma de todo ésto, lamentándose dé su poco fruto, por la indiferencia con que las miraban los Reyes y el Consejo de Castilla.

A esta obra se debió, sin duda, la abolición de los ángulos y mayorazgos, y otras medidas que váriaron, cuasi por completo, la legislación de que trata dicha obra, decretadas por las Cortes de 1820 á 23; y la misma, quizás, serviría de base, en gran parte, para la desamortización eclesiástica y civil, acordada posteriormente hasta el día.

XIV

Observaciones sobre las Cortes y sobre las leyes fundamentales de España. Granada.—1810.

La pérfida y traidora astucia con que Napoleón I invadió con su poderoso Ejército á España en 1808, hizo que á los dos años tuviera ocupada cuasi toda la Península; y como á pesar del indomable valor y del invencible sentimiento de independencia de nuestro pueblo, que de seguro habían de producirle la inmarcesible victoria, como la alcanzó, con aplauso de la Europa, abatiendo el orgullo de las águilas francesas, venciendo al más formidable, aguerrido y victorioso Ejército de aquellos tiempos, y anonadando la ilimitada soberbia del gran Capitán del siglo, opinaba Sempere que, necesariamente, habían de ocasionarse transformaciones notables en el Gobierno del país; y deseoso de evitar los obstáculos que á las reformas oponen las preocupaciones por las instituciones y costumbres antiguas, se propuso, en las citadas *Observaciones*, enumerar las grandes variaciones que había habido ya en otros tiempos sobre la sucesión á la Corona, sobre los privilegios de las altas clases civiles y eclesiásticas, y sobre los derechos del pueblo para disminuír la repugnaucia que exigiera el sistema que prevaleciese después de la titánica y noble lucha que, á la sazón, se sostenía. Este escrito y los terribles acontecimientos de aquellos días, así como. sus actos posteriores, crearon á Sempere una situación especial y penosa, de que después nos ocuparemos.

XV

Histoire des Cortes d' Espagne. Bordeaux chez Pierre Beamé. 1815.—Un tomo en octavo mayor.

Ya Sempere comía el amargo pan extranjero, gimiendo en inmerecido ostracismo, y, sin embargo, no se había extinguido en él el amor á su patria, ni siquiera entibiado, puesto que la sirvió, dando á la imprenta esta historia, en que esparció claras y nuevas luces sobre la importantísima legislación del ramo en la Península, exponiendo, con mucho método y cronológicamente, sus distintas épocas, y noticias y observaciones, nada comunes, sobre los varios estados de la Monarquía española. Esta obra, en que resplandece la verdad histórica. no fué del gusto de todos, y se murmuró del autor, pero los verdaderos sabios aplaudieron el mérito de ella.

XVI

Memoria para la historia de las Constituciones españolas.—Memoria primera, sobre la Constitución gótica española. París 1820. Un tomito en octavo mayor.

Sempere sustentó siempre ideas liberales; y habiéndose proclamado y jurado por el Rey, en el año 1820, la Constitución de 1812, aquél la juró en París; y considerándose obligado á demostrar su adhesión á este Código y, á comparar su consolidación, le pareció que el medio más util era compararlo con los antiguos, demostrando las ventajas de aquél sobre éstos, y se determinó á escribir dichas *Memorias*, publicando, desde luego, la de la Constitución gótica española. Este escrito se presentó á las Cortes, en sesión de 27 de Marzo de 1821, y fué recibido con agrado, mereciendo, además, los mayores elogios de los más acreditados periódicos que se publicaban en Madrid, como «El Censor», número 35; «La Miscelánea», del 21 de Abril siguiente, y «El Universal», del 30 del propio mes, á pesar de que Sempere se separó de la opinión común hasta entonces, acerca de la excelencia de la Constitución visigoda.

XVII

En el mencionado año 1821, tenía escritas, y prontas para dar á la imprenta, las obras siguientes: *Historia del Derecho español, Historia legal de los recursos de fuerza y retención de bulas, Memorias para la historia del antiguo Consejo de Castilla*, y varios opúsculos para la continuación de la Biblioteca española económico-política. Además, también tenía preparada la reimpresión de la historia de las Cortes, por el original castellano, corregida y aumentada.

XVIII

Al principiar la gloriosa guerra de la Independencia española, en 1808, se encontraba Sempere en Granada, desempeñando su destino de Fiscal de aquella Chancillería, y fué nombrado Vocal de la Junta superior de armamento y defensa de la propia ciudad, en la que, con entusiasta y patriótico celo, cumplió sus funciones, hasta que, al cabo de cerca de dos años, el General Sebastiani, con 15.000 franceses, invadió dicha ciudad y obligó á todos los señores Togados, al Excmo. é Ilmo. señor Arzobispo, y á los Cabildos eclesiástico y secular, y al pueblo todo, representado por Diputados de sus gremios, á jurar por el Rey, el intruso José Bonaparte. Solo uno de los primeros, joven, soltero y rico, tuvo ocasión de huír, y así evitó el juramento que los otros prestaron, por la, en aquellos tristes momentos, incontrastable fuerza de las bayonetas. Sempere, aunque de mala gana, siguió en su oficio de Fiscal, y después fué promovído al Tribunal Supremo de Justicia.

Cuando los franceses salieron la última vez de Madrid, se quedó Sempere en la Corte; y tratando con su familia de retirarse á Elda para vivir con alguna más tranquilidad, cultivando su patrimonio, fué sorprendido una noche en la cama, conducido preso al Retiro, depositado, con otros desgraciados, en una inmunda caballeriza y mortificado de mil maneras, hasta que, habiendo vuelto los franceses poco después, huyeron sus Jueces y se le puso en libertad. Con tal escarmiento, viose forzado Sempere á seguir á José en su salida, según se dijo, para Valladolid: luego al otro lado del Duero: después á Vitoria, bien ageno de pensar que podía llegar el caso de dejar á España, hasta que, sin saber cómo, se vió confinado en Francia.

El amargo ostracismo, ni siquiera entibió el amor que Sempere profesaba á su patria; y ya hemos visto que durante él, y á pesar de lo largo que fué. empleó constantemente su fecunda y rica imaginación en escribir cosas reconocidamente útiles á la misma, y eso que, además de la inconsolable emigración, le afligía la nota de *afrancesado* que sobre él pesaba, y por la cual le habían sido confiscados y vendidos sus bienes inmuebles, que ya nunca recuperó.

No entraremos á excusarle la nota de afrancesado, puesto que consta ya la causa y la forma por qué juró al intruso José Bonaparte; y su confianza de permanecer en Madrid, posteriormente al abandonarlo los franceses, prueba que no era defensor de éstos, así como las obras que tenía escritas; pero los malos tratamientos de que fué víctima, le precisaron, sin saberlo ni quererlo, á dejar su patria querida. A muchos les sucedería entonces lo mismo.

XIX

En nada rebajaba el relevante mérito de este sabio la

injustificada nota de afrancesado que mereció á los que gobernaron la Nación á la vuelta del Rey Fernando VII, antes bien, le realza y eleva, porque fué causa de que en extranjero suelo, y precisamente en el emporio de las Ciencias, en París, nuestro exclarecido paisano difundiera sus vastos y eruditos conocimientos en pro de su patria, haciéndose, al propio tiempo, honroso lugar entre los más distinguidos literatos franceses, y aun entre los de Europa, como lo demuestran, desde entonces acá, todos los escritores contemporáneos, que citan en sus obras, siempre con respetuoso aprecio, á Sempere, el mismo que ha merecido, y merece, en España, más particularmente en las aulas de Derecho civil, cuyos Catedráticos también le citan con mucha frecuencia.

Al fin consiguió regresar á su suspirada patria, saliendo de París el 12 de Diciembre de 1826, y llegó á Madrid el día 27 del propio mes; permaneció en la Corte hasta el 26 de Mayo de 1827, en que salió para Elda, donde entró á los tres días, ó sea el 29 á las diez de su mañana, siendo recibido con los brazos abiertos por dos sobrinos carnales, otros parientes, todas las personas visibles y el pueblo en general, con las mayores muestras de alegría y respetuoso cariño.

Aun tuvo la grata satisfacción de vivir en el pueblo que le sirvió de cuna, y con las simpatías de muy queridos paisanos, parientes y amigos, entre ellos bastantes instruídos y sabios, hasta algún condiscípulo, Doctores en Teología, y uno en ambos Derechos, como don Agustín Vidal y Sempere, de renombrada fama, que nunca perdió un negocio de los infinitos que, constantemente y por espacio de muchos años, defendió en esta comarca; y aunque nuestro D. Juan Sempere padecía ya los achaques propios de la edad y de los acerbos disgustos que había sufrido, su amor al cultivo de las letras le ocupó todavía, empleando varios escribientes; y debió dejar bastantes y buenos manuscritos, que no sabemos qué se habrán hecho, pero que es de sentir que el público se vea privado de ellos, y al mismo tiempo, acaso, de pingües utilidades sus herederos, lo cual atribuímos á incuria de alguno de éstos.

Si bien, hallándonos en edad pueril, tuvimos el gusto de conocer al Sr. Sempere, viéudole con mucha frecuencia en los tres años, cuatro meses y veintitres días que estuvo en esta villa, pues falleció de enfermedad natural, el 18 de Octubre de 1830, á los setenta y cinco años, seis meses y diez días de edad, y su cuerpo se halla en el sepulcro de su familia, en el cementerio de la misma villa.

Hemos creído un deber consignar estos apuntes, porque si honran la memoria de nuestro preclaro compatriota, no honran ménos al pueblo en que nació, y á su familia, con cuyo parentesco, aunque lejano, nos envanecemos; y ya hace cerca de treinta años que indicamos que bien merecía que el Ayuntamiento de esta villa conmemorara á tan distinguido hijo, poniendo un retrato del mismo en el salón donde dicha Corporación celebra sus sesiones, idea que no se ha realizado por las revueltas circunstancias que hemos atravesado.

Uno de los descendientes colaterales del Sr. Sempere (que no tuvo sucesión directa), posee la Medalla de cuatro onzas de oro con que, en 1781, le premió la Sociedad Económica Matritense su *Memoria sobre la limosna;* un ejemplar de este mismo documento, impreso en Madrid de orden del Gobierno, en 1784, lo tiene otro descendiente; y suponemos que de las demás obras conserven otros ejemplares los mismos, y aun manuscritos de otras inéditas, siendo de lamentar que estos interesados no hayan sido más diligentes dando los últimos á la prensa, como muchas veces se lo hemos indicado.

Los anteriores apuntes, respecto á las producciones literarias de nuestro eminente compatriota D. Juan Sempere y Guarinos, los hemos tomado de un folletito que se publicó en Madrid, el año 1821, en la imprenta de D. León Amarita, que no indica su autor, pero que suponemos sea el mismo Sr. Sempere, y ahora nos lo ha facilitado uno de sus deudos, sin que sepamos si existe aquí otro ejemplar de tan apreciable folleto, que contiene 68 páginas.

Por creerlo de interés, terminaremos estos desaliñados apuntes poniendo á continuación copias de las partidas de nacimiento y defunción del mencionado Sr. Sempere, que, con la venia del Sr. Cura párroco, D. Gonzalo Sempere y Juan, hemos sacado de los respectivos libros.

Al folio 341, del de bautismo, se halla lo siguiente:

«A nueve de Abril de mil setecientos cincuenta y cuatro: Yo, el Dr. D. Bartholomé Juan y Rico, Vicario de la Parroquial Iglesia de Ntra. Sra. Santa Ana de la villa de Elda y Comisario del Santo Oficio, bauticé y puse los santos óleos, según rito de la Santa Madre Iglesia, á un hijo de Juan Thomás Sempere y de Josefa Guarinos, cónyuges, vecinos de esta villa y mis parroquianos. Nieto de Andrés Sempere é Isabel Juan, abuelos paternos, y de Joseph Guarinos y Antonia Amat, abuelos maternos; púsele por nombre, Juan, Thomás, Joaquín, Diego: nació el 8 de dicho mes, entre once y doce de la noche, según declaran los compadres, que lo fueron Thomás Sempere, mayor, y Antonia Guarinos, mujer de Diego Vidal, á quienes advertí el parentesco espiritual y obligación que por él tienen.—Dr. Bartholomé Juan y Rico, Vicario y Comisario.»

Al folio 80, vuelto, del libro de defunciones, se encuentra lo siguiente:

«Número 68.—Dr. D. Juan Sempere y Guarinos, viudo.—En la villa de Elda, á dieciocho de Octubre de mil ochocientos treinta, murió el Dr. D. Juan Sempere y Guarinos, Fiscal civil en la Real Chancillería de Granada, cesante, viudo de doña Teresa Bernabé, vecino de la misma. Recibió los Santos Sacramentos. Otorgó su testamento en 8 de Diciembre de 1826, ante Raimundo de Galver, caballero, Escribano de S. M. en Madrid, en el que dispone que su cuerpo, hecho cadaver, sea vestido con el hábito que tengan á bien los señores testamentarios que en adelante nombrare, á cuya elección y arbitrio dejo la disposición de mi entierro, número de Misas, su limosna y demás funerales, encargándoles sea sin pompa ni aparato. Nombró por albacea en esta villa á D. Pablo Vidal, quien ha dispuesto se vista el cadaver con hábito de San Francisco, del Convento de la referida villa; se le haga entierro general, con asistencia de toda la Comunidad del expresado Convento, y con la misma asistencia se le cante una Misa de Diáconos, y que se celebren cien Misas rezadas por el alma de dicho difunto. Y habiéndosele hecho el entierro, como queda dicho, y cantada la Misa con Diáconos, de cuerpo presente, fué enterrado en el sepulcro del Cementerio de esta Parroquial, propio de su familia, de que certificó D. Vicente Tormo, Racional.»

Juan Rico y Amat

(N. 1821—M. 1870)

LA amistad, cimentada en la pura é inocente niñez, aumentada con la vehemencia y gratas ilusiones de la juventud y sostenida con la intimidad y solidez de la edad madura, sin que nunca la haya empañado la más ligera sombra, nos obliga á decir algo de este benemérito paisano nuestro, que la muerte nos arrebató en no avanzada edad. Nuestro propósito es bueno y laudable: lo consideramos como un deber, dado que hoy en este pueblo nadie se ocupa de tales cosas, y como un tributo cariñoso de admiración que merece la sincera y grande amistad que nos dispensó; pero no se espere de nuestra tosca pluma una elegante y acabada biografía, como todas las que nuestro querido Rico dió á luz de los Diputados y Senadores más notables desde las Cortes de Cádiz hasta las del año 1863, porque además de no poseer su claro y reconocido talento, carecemos de su grande y notable instrucción y de su correcta frase:

nos limitaremos, pues, á apuntar, de la manera que nos sea más posible, lo que fué y lo que hizo nuestro inolvidable amigo, esperando que, algún día, persona que reuna las dotes necesarias, produzca una bien escrita biografía del mismo.

II

Fué D. Juan, hijo de D. Pedro Rico y Bernabé y doña Josefa Amat y Quesada, familia distinguida de esta villa de Elda, tanto por ser el padre el primer hacendado, como por ser otro de los más acreditados Jurisconsultos de la misma, así como el notorio y claro talento de la madre, circunstancias que enaltecieron más la educación y dirección que dieron á todos sus hijos, contándose, entre los mayores, el Doctor D. Pedro, que siguió la carrera elesiástica y se distinguió, como orador, en este Obispado, y mucho más en Madrid, de cuya Iglesia de las Monjas de la Encarnación fué Capellán mayor desde el año 1826 hasta el 42, en que falleció, siendo ya Obispo electo de Guadix y gozando de una fama imperecedera por las oraciones sagradas de empeño que pronunció en la Corte, una de ellas la de honras fúnebres de la Reina María Amelia, de las que muchas merecieron los honores de la estampa, existiendo aún varios ejemplos de ellas por su culto afable y ameno trato, y por las grandes é influyentes relaciones con los personajes más elevados y distinguidos que en aquellos años componían la buena sociedad madrileña; D. José, que fué Licenciado en Jurisprudencia, cuyo talento y vivo ingenio todavía se recuerdan con gusto, á pesar de que á los tres años que ejercía, con éxito, la Abogacía, fué presa de la terrible guadaña de la muerte, y D. Francisco de Paula, también Abogado, que, desde muy joven, desempeñó varios Juzgados de primera instancia y tenía á su cargo el Registro de la Propiedad de Onteniente, bien puede aplicarse á esta distinguida familia el vulgar refrán: «de tales padres tales hijos»; y en este pueblo es proverbial el talento de todos los individuos de la misma.

III

Nació D. Juan en esta villa el 28 de Agosto de 1821, y fué bautizado en la Parroquia de Nuestra Señora Santa Ana, al día siguiente.

Por los años 1833 y 34, estudió, en Aspe, latinidad y humauidades con el entonces joven y notable Profesor D. Joaquín Gras y Juan, que, más tarde, desde 1857 al 64, aun enseñó en Elda lo mismo, con grandes resultados para sus alumnos. Con tan buen Maestro, facil le fué á Rico aprender, pues desde un principio mostró su mucha disposición y no ménos afición á las letras, concluyendo en dos años dichas materias. Sin duda por ser de tau poca edad, no fué Rico á Madrid hasta el año 1836, donde, bajo la dirección de su hermano mayor el Doctor D. Pedro, entró á cursar Filosofía en la Universidad Central y á seguida Derecho civil y canónico, licenciándose de Abogado, en acto público, el día 8 de Febrero de 1844, cuyo título se le expidió el 23 del mismo mes, y, por consiguiente, alcanzó la noble profesión á los veintidos años, cinco meses y diez días de su edad.

IV

Muy joven mostró decidida afición á la poesía, principiaudo por felicitar á su Maestro de latinidad con buenos versos, en sus días y en los de Pascuas, cultivando la gaya ciencia desde aquella época, puede decirse sin interrupción, pues en toda su carrera literaria, ni en el resto de su vida, abandonó aquélla, escribiendo muchas poesías serias y satíricas, de las que ya en 1842 dió un tomo precedido de un prólogo que escribió el entonces ya notable literato D. Juan Eugenio Hartzembusch, que concluye con estas lisonjeras frases para Rico: «En las composiciones festivas de D. Juan Rico y Amat, vuelvo á decir, luce soltura en el uso del metro, expontaneidad eu la expresión y gracejo urbano.»

Por el propio año 42, escribió un periódico titulado «La Esineralda», del que recordamos haber recibido y

leído los números que se publicaron. En los años 43 y
44, colaboraba en el periódico de más dimensiones, «La
Ilustración», en cuyo folletín insertó una novelita del
Castillo de Elda, y nos favoreció con su dedicatoria,
sintiendo no poseer los números de dicho periódico porque, á pesar de haberlos conservado algunos años, se
transpapelaron después. En el mismo año 44, dió á luz
los *Cuadros de costumbres*, en que describió, con mu-
chísima gracia y exactitud, los tipos «La modista», «El
mozo de café» y «La camarista».

V

A últimos de 1845, á causa de la entendida reforma
del sistema de administración provincial y municipal,
realizada por el Ministro Mon Pidal, en que se estable-
cieron los Consejos provinciales, fué nombrado Rico
Vocal del de Alicante; nuevo en este ramo, poco le costó imponerse en él, decidiéndose, con su acostumbrada
asiduidad, al estudio de la legislación administrativa,
logrando muy brevemente poseerla; por lo que, y por
su afabilidad de caracter, le vimos ser uno de los principales Consejeros, llevando el peso del trabajo, y, por
consiguiente, imperando su acertada opinión. Rico probó los adelantos que alcanzó en este ramo y su competencia en la *Jurisprulencia administrativa*, que publicó en 8 de Abril de 1847, en un tomo impreso en la
tipografía de Marcili, de Alicante. Los nueve artículos
que contiene, además de sus comentarios á las compe-
tencias hasta entonces resueltas por el Consejo Real,
que inserta, hallándose, como en aquella época se hallaba, tan confusa y atrasada la administración, acredi-
tan y honran los conocimientos que sobre la materia
poseía.

Sus relevantes prendas le hicieron un lugar distinguido entre la culta sociedad de Alicante, mereciendo
se le considerara y atendiera en las reuniones de todas
clases; y hasta fué nombrado Censor del Teatro, escribiendo en los periódicos de la capital las revistas del

mismo. También la Sociedad de Amigos del País, de la propia ciudad, le honró llevándole á su seno en la clase de Socio de número, expidiéndole el correspondiente título en 19 de Abril de 1846.

VI

Desde 1847 á 49, desempeñó el cargo de Jefe civil del distrito de Alcoy, á satisfacción del Gobierno y de los pueblos, particularmente de dicha ciudad, donde promovió toda clase de mejoras, organizó la administración, aseguró el orden y se captó las más nobles simpatías de todos sus administrados. Tan buen comportamiento mereció que el Gobierno le propusiera, y S. M. la Reina se dignara agraciarle, con los honores de su Secretario, por Real decreto de 30 de Junio de 1848, y por otro de 2 de Junio de 1848, con el de Comendador de la Real Orden Americana de Isabel la Católica.

Por efecto de la supresión de los Jefes civiles de distrito, cesó Rico en el de Alcoy; y poco tiempo hubiese estado cesante, como lo estuvo el resto de su vida, si no hubiera adoptado la irrevocable resolución de no ser ya empleado; por ella no quiso, en 49, aceptar la Secretaría del Gobierno político de Zaragoza, á que fué invitado por carta de un respetable personaje, que yo leí el mismo día que la recibió; en 1854, después de la revolución política ocurrida en aquel verano, tampoco quiso aceptar un alto puesto en el Gobierno civil de Barcelona, y en 1867, se negó á servir el de Gobernador en Alicante, con que el Ministro del ramo, Sr. Posada Herrera, le brindó verbalmente.

VII

Su afición, su deseo, eran escribir; y los llenó cumplidamente, con pocas utilidades, propias, sí, porque era naturalmente desinteresado, pero con mucho provecho para la patria y las letras, puesto que sus obras dramáticas llevan en sí la moralidad y la corrección del vicio en el más alto grado, y las políticas son tan imparciales y verídicas, expuestas con tanto acierto y delicadeza, que, como han manifestado personajes políticos de mucha importancia, sirven de utilísima enseñanza; y sabemos que el reputado orador político D. Antonio Ríos Rosas, las tenía, constantemente, para consulta, dispensando al autor, cuantas veces le veía, todo género de consideraciones y la más sincera y afectuosa amistad; bien que Rico gozaba la de todos sus contemporáneos, en las elevadas esferas de la administración y las letras, acerca de lo que podríamos citar una larguísima lista de nombres célebres, probándola con significativos hechos de los mismos.

VIII

Tenemos que confesar, con la franqueza que nos es propia, la imposibilidad en que nos hallamos de emitir juicio acerca de las obras escritas que nuestro inolvidable Rico, por carecer del talento y conocimientos necesarios para ello, y porque si, á pesar de todo, tuviésemos el atrevimiento de hacer alguna indicación, pudiera creerse poco imparcial, nos concretamos, pues, á insinuar las referidas obras, que bastan, por sí mismas, para enaltecer á su autor.

Obras dramáticas en tres actos y en verso.

Misterios de Palacio, publicada y representada en 1852.
Conspirar con buena suerte, ídem ídem en 1853.
Costumbres políticas, ídem ídem en 1855.
La escuela de las madres, ídem ídem en 1859.
Vivir sobre el país, ídem ídem en 1863.
El mundo por dentro, ídem ídem en 1863.
La belleza del alma, ídem ídem en 1864.

En prosa y en un acto.

¡El Miércoles! publicada y representada en 1864.
Las ocho piezas fueron representadas, con éxito, en Madrid y su teatro del Príncipe, alcanzándole más bri-

llante y con generales y repetidísimos aplausos, *Misterios de Palacio* y *La escuela de las madres.*

IX

Obras políticas.

Las dramáticas que acabamos de apuntar, sin duda, las escribió Rico como pasatiempo y descanso de las que, tan concienzudamente y con tanta elegancia como acierto, preparaba en aquellos años respecto á política, que el público ilustrado acogió con las mayores muestras de aprecio; y todos los periódicos que, á la sazón, se publicaban en Madrid, le honraron cuanto merecían, ocupándose de ellas con particular complacencia. Por las mismas razones que nos hemos abstenido de significar nuestro juicio en las obras dramáticas, lo hacemos de las políticas, cumpliendo solo á nuestro propósito manifestar también los títulos de las últimas.

Historia política y parlamentaria de España. Tres tomos en cuarto prolongado, con cerca de seiscientas páginas cada uno; el primero se publicó en 1860, y los dos últimos en 1861, y todos en Madrid, imprenta de las Escuelas pías.

El libro de los Senadores y Diputados. Segunda parte de la *Historia parlamentaria y política de España.* Cuatro tomos de igual dimensión que los anteriores, con cuatrocientas cincuenta páginas cada uno, publicados también en Madrid: el primero en 1862, imprenta de Vicente Lavajos; el segundo en el mismo año é imprenta, y el tercero y cuarto, en 1865 y 66, en la de R. Vicente.

En 1855 dió á luz el *Diccionario de los políticos, ó verdadero sentido de las voces y frases más usuales entre los mismos, escrito para divertimiento de los que ya lo han sido, y enseñanza de los que aun quieren serlo.* Un tomo de trescientas treinta páginas, imprenta de F. Andrés y Compañía, Madrid. En esta obrita, llena de agudeza y fino ingenio, predominan el estilo satírico de buen gusto, y por lo mismo inofensivo, y la más notoria imparcialidad; se propuso Rico, como dice en su prólogo, designar, en globo, los vicios, errores y desaciertos de la política, para corregirlos. Diez periódicos que representaban entonces á los varios partidos políticos que se conocían, desde el absolutista al demócrata, aplaudieron esta publicación, haciendo notar la exactitud é imparcialidad con que se había realizado, y felicitando al autor; al acaso tomamos de uno de ellos, «La Epoca» del 7 de Abril de 1855, el siguiente párrafo: «Esta obra ha correspondido á las esperanzas que concibiéramos: ligera y festiva, sentenciosa é irónica, con la risa del desdén unas veces, con la amargura del sarcasmo otras, pero con decorosa sátira siempre, el Sr. Rico y Amat pone de manifiesto las úlceras de nuestra organización social y política», y concluye con este otro: «El *Diccionario de los políticos* ha obtenido la más lisonjera acojida: felicitamos á su autor y esperamos que persista en tan buen camino.»

Concluiremos de hablar de las obras políticas, diciendo que al frente del primer tomo de la *Historia parlamentaria*, se lee la dedicatoria á S. M. la Reina Doña Isabel II, que, previamente, se dignó admitir, después de haber leído toda la obra que le fué presentada por el Conde de Balazote, empleado de Palacio y amigo íntimo de Rico. La Reina tuvo á bien llamar al autor, á quien dirigió las más lisonjeras palabras, y sabemos por el mismo, lo que ocurrió en esta audiencia. S. M. le dijo: «He notado, Rico, que estás bastante severo con mi padre.—Señora, la contestó, no soy yo, es la Historia. —Bien, bien, replicó la Reina, me place la imparcialidad con que en toda ella te has conducido, y así debes hacerlo siempre.»

X

Concurrió Rico, con sus bellas poesías, en cuantos asuntos de importancia para el país fué necesario, y en los que tomaron parte los más renombrados poetas. Recordamos las que escribió, y conservamos algunos ejemplares, cuando S. M. la Reina Isabel y su hermana la Infanta Doña María Luisa Fernaudo, contrajeron sus matrimonios respectivamente con el Infante de España, D. Francisco de Asis, y con el Duque de Montpensier, D. Antonio de Orleans, hijo del Rey Luis Felipe de Francia; en ellas Rico expresó sus elevados sentimientos por la Dinastía, la libertad y la patria. En la corona poética dirigida á la Reina á últimos de Diciembre de 1851, con motivo de su feliz alumbramiento y natalicio de su primer vástago, la Infauta doña Isabel, entonces sucesora del Trono, al folio 42, vuelto, se lee la entusiasta y patriótica composición en octavas reales, con que celebró el fausto acontecimiento, augurando día de paz y ventura; pero poco tardó en dirigir á S. M. otra muy sentida, cuyo título expresa, exactamente, la triste causa que la motivaba; dice así: *Lágrimas de España por el trágico suceso ocurrido en Palacio el día 2 de Febrero de* 1852. *Improvisación poética dedicada á S. M. la Reina Isabel II y su Augusta Real familia, en nombre del pueblo español, por D. Juan Rico y Amat.* Madrid, 1852. Imprenta de Díaz y Compañía. España, tan leal á sus Reyes, jamás había registrado en su noble y grande historia un regicida; y un fanático, un loco, que, por desgracia, revestía el caracter sacerdotal, echó esta mancha en ella, convirtiéndose en infame asesino, en el acto que S. M. salía á presentar la Infanta al templo y rendir gracias al Altísimo por la dicha que se había dignado concederle. El Señor no quiso que se consumara tan vil crimen, y torciendo el arma homicida, el asesino vertió, sí, la sangre Real, pero no logró su cruel objeto, infiriendo sólo una leve herida. Rico llora, tierna y profundamente, el terrible suceso, y para templar su duelo, concluye sus dos antepenúltimas estrofas: «Hubo muchos Guzmanes en España.» «Pero no pudo haber mas que un Merino.» Este era el linaje del miserable asesino.

XI

También las Musas españolas celebraron el grande

acontecimiento de que la Condesa de Theba, nuestra compatriota, descendiente de Guzmán el Bueno, el héroe de Tarifa, fijase la atención del Emperador de Francia, Napoleón III, el año de 1853, que, arrebatado de la hermosura y de las altas virtudes de tan ilustre dama, la eligiera por su compañera, cuyo matrimonio se verificó en el mismo año 53; en la corona poética que con este motivo dirigieron sus paisanos á la Emperatriz Eugenia, la noble y patriótica composición de Rico, figura al folio 67.

XII

Las ideas políticas que siempre profesó Rico, fueron dinástico-conservadoras-liberales, pero pasivas; y por no tomar esa parte bulliciosa en que se agitaban los partidos, no quiso, desde 1850, aceptar ningún cargo público, y se retiró á la vida privada. Sin embargo de esos sentimientos, le estaba reservado que, en sus últimos años de vida, tuviese que entrar en la política, de la manera más ardiente, y lo realizó, con decisión y muy buenas formas, enérgicamente. En Mayo de 1867, fundó y redactó por sí solo el periódico político-satírico «La Farsa», publicando cuatro números los días 8, 15, 23 y 30 de cada mes, y dando á aquéllos el título de representación, de las que la última fué la 32, en 30 de Diciembre de dicho año. Leímos entonces estos 32 números, y poseemos la colección: los políticos y no políticos vieron, con gusto, una sátira tan aguda y punzante, que, por lo decorosa y decente, á nadie ofendió: la prensa toda concedió sus plácemes á «La Farsa», conviniendo en que su autor era el primer satírico de España.

XIII

Ocurrida la revolución de Septiembre en 1868, Rico no faltó á su puesto de honor, para defender los principios que sustentaba; blandió rigurosamente su péñola, aguzada con su talento y eficaz ingenio, en el periódico que también estableció y redactó por sí solo, que, satírico y político como «La Farsa», tituló «Don Quijote», y publicaba el día 5, 10, 15, 20, 25 y 30 de cada mes, que principió el 5 de Enero de 1869 y concluyó, con el número 42, el 30 de Julio siguiente. En el prospecto de este periódico, dió Rico una notabilísima prueba de lo bien que conocía y poseía la inimitable lengua del immortal Cervantes, haciendo hablar al sabio Merlín, á D. Quijote y á su escudero Sancho, al volverles el primero á la vida, usando de su mágico poder, y enterarles del estado de las cosas de España, contestando el segundo con su natural hidalguía, é interrumpiéndoles Sancho con sus originales razonamientos. Este anuncio, como no podía ser ménos, tuvo grande aceptación, y copiosas suscripciones el periódico, el cual acrecentó la merecida fama del que lo escribía; todo cuanto contienen los 42 números, es digno de copiarse; pero en la imposibilidad de hacerlo en este pequeño y desaliñado trabajo, insertaremos unas pocas líneas del primer artículo de fondo, que pone en boca de D. Quijote, para que se vea el valor cívico con que juzgaba á la revolución:

«En vez de lógica, es contradictoria en sus palabras y sus hechos.»

«En vez de regenerar el país, lo desorganiza.»

«En vez de edificar, derriba.»

«En vez de ilustrar á las masas, las irrita.»

«En vez de amalgamar opiniones é intereses, los desune.»

«En vez de organizar la sociedad, la perturba.»

Así esgrimió su punzante y satírica pluma criticando los actos de la revolución, siendo tan agradable como decorosa cuando lo hacía con sus naturales y agudos epígramas; pero ésto, que á todos los partidos y al público imparcial placía y divertía, no podía agradar á algunos, que notaban los efectos que iba causando «Don Quijote», en descrédito de la revolución y sus hombres; y como no podían, legalmente, hacer desaparecér el periódico, recurrieron á medios reprobados, que Rico nos refirió detalladamente de este modo: Una mañana, á últimos de Julio de 1869, se presentaron en su redacción diez ó doce malvados ostentando revólvers, puñales y sendos garrotes, y con la algazara y descompuesto lenguaje que les es propio, preguntando por el Director Rico; precisamente le dirigieron la palabra al mismo; pero éste, que era sereno y tenía conciencia propia de sus actos, aparentó que él no le conocía, y dijo que se hallaba allí por la casualidad de haber ido á hacer una suscripción que le encargaban de provincias; los dependientes del establecimiento, observando la naturalidad con que hablaba, y que tampoco le conocían aquellos desalmados, contestaron que el Director no estaba en Madrid porque había marchado hacía dos días á Valencia (así se los tenía prevenido, por si los de *La Porra* les sorprendían). Entonces prorrumpieron éstos en horribles imprecaciones contra Rico: «que le habían de matar», «que le arrastrarían», «que le harían trizas»; y él, viendo cómo se embriagaban de palabras y que rompían los libros de contabilidad y cuanto allí había, continuando imperturbable y hasta hablando con ellos, se despidió cortésmente, y salió de aquella casa sin que nadie, por fortuna, se lo impidiese. Aquí Rico, que era muy franco y agradecido, nos dijo que á uno de los porristas le conocía personalmente, aunque sin relaciones, y fué tan noble y sensato que no le descubrió, salvándole la vida, por lo que, si algún día era posible, se lo recompensaría. Rico se dirigió apresuradamente á casa de su patrona; dijo á ésta, con brevedad, que si iba aquella canalla á preguntar por él, contestara que hacía dos días que salió para Valencia; y sin detenerse, marchó á casa de su pariente y amigo D. Pedro Juan Amat, de donde se fué, á las seis y media de la tarde, hacia la estación del ferrocarril del Mediodía; á poco montó en el tren, y á las diez de la mañana inmediata tenía el gusto de abrazar á su familia y amigos, en su casa de esta villa, en cuyo acto nos relató el grave episodio que acabamos de indicar.

XIV

Fiado Rico en la fortaleza de su ánimo y en su robusta salud, ni en Madrid ni aquí tuvo la precaución de sangrarse, ni siquiera tomar algún agua cocida que atenuara los efectos de la mala impresión que le causara la funesta amenaza que, por más de media hora, presenció, y después de todo aquel día pesó sobre él, hasta que salió de la entonces ex-coronada villa, pues no bien dejó la casa de su patrona, apenas transcurrieron ocho minutos, los porristas la invadieron con el mismo ánimo de matarle. Por de pronto no se resintió su naturaleza; pero á poco más de un mes, ya notó alguna incomodidad en el corazón, que más tarde dió un terrible resultado.

XV

Incansable Rico en la defensa de los principios monárquicos y religiosos, á pesar del ímprobo trabajo del periódico, publicó, á últimos del año 1869, en Madrid, imprenta de R. Moreno, un tomo de 232 páginas, con el título: *La unidad católica*. (Biografías y discursos de los Diputados católicos que han tomado parte en los debates sobre la cuestión religiosa en las Cortes constituyentes de 1869). Siete fueron los discursos pronunciados en este sentido, en aquella solemne ocasión, y todos ellos brillantes, de la doctrina mas pura y de las pruebas más concluyentes, que arrancaron entusiastas aplausos de todos los lados de la Cámara, á pesar de que cuasi, en su totalidad, se componía de revolucionarios. Rico coleccionó estos discursos para que pudiera apreciarse el valor de la sana y clara enseñanza de los mismos; y para darles más realce, escribió las biografías de los dignísimos señores que los pronunciaron, en las que, además de dar á conocer sus profundos sentimientos religiosos, hizo resaltar sus vastos conocimientos en la materia, siendo este trabajo tan notable como merecedor de brillar junto á los mismos discursos.

XVI

Rico estuvo en Madrid el invierno de 1869 á 70, y regresó á esta villa, como de costumbre, á pasar el verano; y no obstante lo muchísimo que le quejaba y molestaba la afección que padecía al corazón, producida, como indicamos, *por la proeza de la partida de La Porra,* hizo un trabajo, serio en su esencia, y festivo y por demás gracioso en la forma; escribió la zarzuela *El infierno con honra,* en que, figurando la escena en aquel abismo y haciendo tomar parte á los *rabulos principales* que, según la mitología, habitan en él, demuestra el estado político, social y administrativo de España en aquella sazón, transparentando de un modo claro, pero fino y decente, los personajes que en ella desempeñaban los cargos más importantes. Marchó á Madrid, en Septiembre del 70, é imprimió esta obra inmediatamente. En todos los teatros se reconoció su gran mérito y agudeza; pero en ninguno se atrevieron á representarla, por temor á las circunstancias.

También aquel verano hizo una colección de los principales artículos del periódico «Don Quijote», con una dedicatoria á la partida de *La Porra,* en gratitud al desmán que con el autor había cometido, en la que dice, irónicamente, «que si no le mataron fué porque no le conocieron»; pero esta colección no la imprimió, y existe en cuartillas en poder de su familia.

XVII

Mucho se había agravado la dolencia que le aquejaba; pero, sin embargo, lleno de confianza en los Médicos que le asistían, según nos aseguraba en carta que recibimos dos días antes, y otra posterior su familia, la noche del 18 al 19 de Noviembre de 1870, después de retirarse bastante tarde del café, donde concurría con sus habituales amigos, falleció repentinamente, cuya causa se reconoció por los Facultativos ser la de la neurisma que venía padeciendo hacía más de un año. Un telegrama nos hizo conocer la triste é infausta nueva, que sentimos en lo más profundo de nuestro corazón y nos arrancó abundantes lágrimas. Su familia estuvo inconsolable muchos días; aun llora la falta de un hermano á quien miraban como á padre. Sus numerosos amigos y el pueblo todo, lo sintieron extremadamente, porque, en verdad, Rico mereció las simpatías generales, no solo por su bondadoso y afable trato, si que también dispensó muchos favores en completo desinterés, á grandes y pequeños, cuantas veces le buscaron. El pueblo perdió una columna que, además de honrarle altamente, era el sostén de todos sus intereses.

XVIII

Murió Rico en estado célibe, á la edad de cuarenta y nueve años, dos meses y veintiún días, y con pocos bienes de fortuna, aunque, sin su desinterés y generoso proceder con propios y extraños, hubiese podido dejarla grande.

Su cuerpo se halla enterrado en el nicho perpétuo de la Sacramental de Santa María en Madrid.

Todos los periódicos de aquella villa anunciaron la triste noticia del fallecimiento de Rico, dedicando sentidas frases á su memoria, que sería largo enumerar; pero pondremos lo que, después de todo, dijo «La Ilustración», número 22, correspondiente al 12 de Diciembre de 1870:

«Todos los diarios de esta Corte han dado cuenta sucesivamente de la pérdida sufrida por la literatura, con la muerte del escritor político y poeta satírico y dramático, D. Juan Rico y Amat. «La Ilustración», de Madrid, le hubiera consignado antes un recuerdo en estas páginas, si hubiera podido procurarse, con más prontitud, la biografía sobre que ha sido hecho el grabado que hoy damos, porque en revistas de esta índole, no es preciso que el escritor, objeto de «La Ilustración», descuelle hasta el punto de que nadie abrigue duda alguna de que la inmortalidad le está reservada. También el talento, apreciado por los contemporáneos, que ha fijado, por sus apreciables dotes, la atención de todos, siquiera no sea general y universalmente reconocido, merece el pequeño honor que nosotros podemos tributarle en nuestras columnas.»

«Rico y Amat ha dejado diferentes obras dramáticas, representadas ó impresas, algunas de las cuales han obtenido notables éxitos. Las obras, no obstante, que conservarán su memoria por más tiempo, son: La *Historia de las Cortes españolas* y el *Libro de los Senadores y Diputados*. Son obras de utilidad y de mérito.»

«Hombre de ideas conservadoras, ha esgrimido, terriblemente, su pluma contra las situaciones liberales, y ha sido Director de varios periódicos satíricos. Su última producción ha sido una sátira política, en forma lírico-dramática, publicada últimamente, y de título, sin duda, conocido por nuestros lectores.»

«Rico y Amat ha muerto repentinamente. Los amigos que en el café de la Iberia constituían su habitual reunión, se separaron de él á hora muy avanzada de la noche, sin sospechar que, á la mañana siguiente, no existiría.»

Hemos hecho con placer, y sentimiento á la vez, este ligero y mal perjeñado trabajo; lo primero, porque nos es grato consignar lo que tanto enaltece al amigo y paisano; y lo segundo, porque aun deploramos su ausencia, y la deploraremos el resto de nuestra vida.

Tenemos la cuasi seguridad de que, por sus altas cualidades cristianas y por sus virtudes, Dios le acogió en su seno.

Partida de nacimiento.

«En la villa de Elda, á veintinueve de Agosto de mil ochocientos veintiuno: Yo, D. Francisco Xavier Vidal, Presbítero, Vicario ecónomo de esta Parroquial de la gloriosa Santa Ana, bauticé y puse los Santos Oleos, según rito de la Santa Madre Iglesia, á un hijo de don Pedro Rico y doña Josefa Amat, consortes, mis parroquianos, naturales y vecinos de la misma, á quien puse por nombre Juan, Bautista, Agustín, cuyos abuelos paternos son Pedro Rico y María Manuela Bernabé, y maternos José Amat y Bárbara Quesada. Nació día veintiocho de dicho mes y año, entre siete y ocho de la tarde; fueron padrinos D. Felipe Rico y Josefa Rico, á quienes advertí el parentesco espiritual y obligación.—Don Francisco Xavier Vidal, Vicario ecónomo.»

Copiada del libro del bautismo, folio 143, vuelto.

Juan García Ruberto

(N. 1815—M. 1884)

ZAROSA fué la época en que nació D. Juan García; parece que, con ello, la fatalidad le presagiaba grandes contrariedades en el transcurso de su vida; al terminar la guerra de la Independencia, en 1815, vió la luz primera nuestro ilustre alicantino, y los acontecimientos que siguieron á aquella memorable lucha, agitaron, en más de una ocasión, sus primeros años. Su padre, entusiasta por las libertades populares, saucionadas en la Constitución de Cádiz, se asoció á las aspiraciones del partido liberal; y, merced á las duras lecciones de su propia experiencia, supo inculcar, en el ánimo de su joven hijo, las ideas que integran el ideal del hombre honrado; es decir, vivir con decorosa independencia, cimentada ésta sobre el inteligente trabajo.

Estudioso y con afán incansable por instruírse, aprendió, al lado de sus padres, el difícil arte de tallar las piedras preciosas; de modo que, aun muy joven, era ya en el obrador, discreto y entendido artífice.

Los hombres que, como D. Juan García, nacen favorecidos con elevadas dotes de ingenio, no limitan sus deseos al estrecho círculo de una profesión: sus aspiraciones, en lo que se refiere á su educación intelectual, son insaciables; así, veíase á nuestro protagonista, en su primera juventud, entregado de lleno á los estudios, alternando sus trabajos de joyero con serias y perseverantes investigaciones científicas, así, bien ejercitándose en el dificil arte de la música.

Su aplicación y talento le hicieron, en breve tiempo, conocido de la elevada sociedad alicantina, como joven extensamente instruído, y más aún, como inteligente músico, á cuyo arte se entregó con singular entusiasmo. Bien pronto cúpole la distinción de ser invitado á tomar parte en los conciertos organizados por D. Federico Christiernín, acaudalado propietario que tenía la nobilísima complacencia de reunir en su casa lo más florido de los artistas é ingenios alicantinos; y en aquellas veladas mensuales, D. Juan García fué uno de los que más cosecha de aplausos recogieron.

Parece que los aplausos satisfacen solo á los espíritus vulgares; para el estudioso, para el hombre de ingenio, la lisonja es punzante aguijón que le estimula sin cesar; así, D. Juan García, no contento con sus primeros triunfos artísticos, viajó por Francia é Italia, para recibir lecciones de los primeros concertistas de violín, llegando á dominar este instrumento con tanta destreza, que logró ser un consumado Profesor, verdadera notabilidad.

Las atenciones de su familia hiciéronle volver á la casa paterna, donde le esperaban serios disgustos y contratiempos.

Su buen padre se vió contrariado por los azares de la política y encarcelado en el castillo de Santa Bárbara; y hubiese visto perecer á su numerosa familia, sumida en la miseria, á no haber acudido en su socorro su buen hijo. Poco tiempo después viose á aquella honrada familia obligada á abandonar su patrio suelo, dirigiéndose á la ciudad de Argel, donde nuestro protagonista pudo subvenir á sus necesidades, dedicándose al cultivo de la música. Dirigió en aquella población la orquesta de su Teatro Principal, con extraordinario aplauso, y supo captarse entonces las simpatías de gran número de eminencias en el divino arte; los eminentes Bazzini, Kentzer, Cassella, se honraban con su amistad, y aun le consultaban, admitiendo sus consejos como de autoridad irrecusable.

Vuelto á su pueblo natal, pasada la tormenta política que le llevó á la emigración, nuevos disgustos laceraron su corazón: el cólera de 1854 se mostró despiadado con su suerte, y en aquel año, de triste memoria, murió su buena madre y otros individuos de su familia. Esta sensible pérdida conmovió, profundamente, su ánimo, á tal punto, que, desde entonces, redujo sus aspiraciones á vivir honestamente en el retraimiento, y merecer sólo el aprecio de sus discípulos.

Constante en sus propósitos, rehusó siempre los empleos y honores que sus amigos y admiradores le ofrecían; y en su empeño de vivir en una feliz medianía, entregado de lleno á sus estudios y á la música, no quiso desempeñar ningún cargo público, ni aun dirigir la orquesta del Teatro Principal que, reiteradamente, le ofrecían sus amigos.

Su casa, desde entonces, fué escuela de buen gusto artístico; y los pocos que tuvieron la honra de ser sus discípulos, llegaron á merecer alta reputación de consumados Profesores.

Mas no solo frecuentaban su casa jóvenes consagrados á la música, también personas estudiosas acudían á ella, ávidas de admirar su riquísima colección numismática, y á recrearse leyendo en su magnífica Biblioteca.

D. Juan García dejó inéditas innumerables obras de música, siendo notables, sobre todo encomio, sus partituras religiosas, un Te Deum, salmos de vísperas, misas y, sobre todo, cuartetos de gusto clásico, donde revela los poderosos vuelos de su fecundo ingenio.

Era, además, excelente humanista y gran filólogo; tenía extensos conocimientos en Ciencias físicas y naturales, y á sus profundos conocimientos añadía una discreción especial que hacía dar á sus apreciaciones un sentido eminentemente práctico y positivo.

D. Juan García, persona engalanada con tales condiciones de caracter, aunque vivió en el retraimiento, no debe pasar en el olvido, como el común de las gentes, y seríamos injustos si no tributáramos á su memoria un recuerdo de admiración y entusiasmo.

Gregorio Verdú y Verdú

(N. 1818—M. 1876)

ÓNRASE la villa de Monovar, rica y populosa de la provincia de Alicante, de haber sido el pueblo natal de D. Gregorio Verdú y Verdú, uno de los oficiales más ilustres del Ejército español del presente siglo XIX, y hónrase, también, quien de tan distinguido oficial se ocupe, coleccionando sus notas biográficas, pues nada hay que moralice y dignifique tanto, como el buen ejemplo y la noble ambición de imitar á quienes la fama póstuma colmó de laureles.

Nació este distinguido oficial el día 27 de Abril de 1818, siendo sus padres don Silvestre y doña Micaela, que disfrutaban de modesta fortuna y, sobre todo, de la estimación de cuantos les trataban, particularmente el D. Silvestre, que ejercía la noble profesión de Abogado, y, en su ejercicio, era modelo de probidad y rectitud.

Pasó Verdú los primeros años de la infancia en su pueblo natal; y ya en edad conveniente, su buen padre resolvió dedicarlo al ejercicio de las armas, á las que el niño Gregorio parecía inclinado por instinto de naturaleza; no estuvo en ello desacertado; el niño, desde sus primeros años, reveló precoz ingenio y especial predilección por todo lo que se relacionaba con la milicia; en sus juegos infantiles, complacíase en trazar y levantar planos, formar fortalezas á su manera, y preparar el ataque y defensa de lo que él entonces llamaba plazas; ilusiones que, en edad madura, se convirtieron en realidades.

Resuelto el difícil problema de la carrera á que se había de destinar al niño Verdú, se preparó éste convenientemente, y después de lucidos exámenes, ingresó en la Academia de Ingenieros, en 1.º de Septiembre de 1836, siendo promovido á Subteniente alumno, en 7 de Agosto de 1839.

Era de notar en el joven alumno una aplicación desmedida; incansable estudiante, en la mayor parte de las asignaturas que cursó, mereció las primeras calificaciones; de modo que, en 26 de Diciembre de aquel mismo año 39, ascendió á Teniente y fué incorporado á la escala general del Cuerpo.

Verdú salió de la Academia, á consecuencia de su promoción, y los primeros pasos de su brillante carrera fueron sobre una senda herizada de peligros. Las difíciles circunstancias por que atravesaba entonces la Nación, presa de la guerra civil que, á su muerte, legó al país Fernando VII, ardía despiadada en los Reinos de Aragón y Cataluña, siendo el Maestrazgo teatro donde carlistas y liberales hacían proezas de valor y abnegación. Cabrera, á últimos del año 39, tenía establecido su cuartel general en Mora de Ebro, y O'Donnell mandaba en jefe el Ejército que había de sitiar, una á una, las plazas fuertes castillos de aquella accidentada región, en poder de las huestes del célebre don Carlos.

Nuestro distinguido oficial, al salir de la Academia de Ingenieros, fué destinado al Ejército de O'Donnell, que tenía su cuartel general en Teruel. Hacia el centro, pues, se dirigió Verdú, lleno de esperanzas, incorporándose á la sexta compañía del segundo batallón del arma, siendo alta, en el mismo cuerpo, tan luego llegó á aquella antigua é histórica ciudad.

No debía permanecer inactivo mucho tiempo; pasado el riguroso invierno de aquel año 39, O'Donnell resolvió emprender, con energía, las operaciones de la guerra, empeñado en debilitar la preponderancia en Aragón del Ejército de D. Carlos. Dispuesto lo necesario, el caudillo liberal salió de Teruel el 3 de Abril de 1840, situando su cuartel general en Campos, á distancia de una legua del inespugnable castillo de Aliaga, por cuyo sitio debía empezar aquella memorable campaña, y con él la gloriosa carrera militar de D. Gregorio Verdú y Verdú.

Acampadas las fuerzas liberales frente á Aliaga, no pudieron, desde luego, emprender con vigor las operaciones de ataque; el estado de los caminos, en aquella época descuidados, hizo pesada la marcha del tren de batir, cuyas piezas llegaron al campamento el 11 de aquel mes, quedando emplazadas, definitivamente, el 13 del mismo.

La actividad extraordinaria del Teniente Coronel de ingenieros Ubiña, secundada admirablemente por el Teniente Verdú, hizo milagros; en ménos de tres días quedaron terminadas las baterías que habían de destruír las obras de defensa de la plaza sitiada, á pesar del mortífero fuego que diezmaba á los valientes ingenieros del Ejército liberal. En el lugar de mayor compromiso hallábase, constantemente, el Teniente Verdú; la batería del Calvario, la más próxima al castillo, bajo el fuego enemigo, era la que había emplazado el valiente hijo de Monovar; y tan ventajosa era su situación, que, roto el fuego contra los baluartes enemigos, logrose en breve tiempo apagar sus fuegos.

Era Gobernador del castillo de Aliaga, D. Francisco Macarulla, valiente y esforzado militar, quien supo infundir tal ánimo á sus subordinados, que, agotados en la fortaleza los medios de defensa, resolvieron hacer una vigorosa salida para contener la marcha de los minadores del Ejército liberal, que amenazaban volar la roca sobre que descansaba el derruído castillo. El desesperado ataque de los carlistas, dió por resultado rechazar á los zapadores liberales, á pesar de hallarse éstos apoyados por la columna mandada por el jefe de Ingenieros Ubiña, en cuyas filas hizo prodigios de valor el joven Teniente Verdú.

Por fin, tras heroica resistencia, los pocos defensores del castillo de Aliaga que sobrevivieron, obligaron á su Gobernador Macarulla á capitular, rindiéndose la fortaleza, cuyas derruídas murallas fueron, por entero, destruídas.

El Teniente Verdú continuó con su compañía en el Maestrazgo, durante aquel año 1840; cuantas comisiones se le confiaron, las desempeñó con acierto y lucimiento, siendo el premio á sus relevantes servicios, el ascenso á Capitán de Infantería, que se le concedió por méritos de guerra.

Terminada la guerra civil, pasó de guarnición á las islas Baleares, donde continuó por todo el año 1840, primero en Palma de Mallorca, y luego en Mahón, de cuya ciudad pasó, á fines de aquel año, á Barcelona, y en esta ciudad ascendió á Capitán del cuerpo, destinándosele á la sexta compañía del primer batallón del regimiento que se hallaba en Madrid, á cuya plaza pasó tan luego recibió la credencial de su nuevo ascenso. ·

Poco agradable debió ser al joven oficial la vida monótona de guarnición; el descanso no es del agrado de los genios emprendedores, y Verdú, dotado de poderosa iniciativa, se propuso, desde luego, huír de la ociosidad á que en la Corte se veía reducido, y solicitó, y obtuvo, una Cátedra en la Escuela de Ingenieros; en su consecuencia, por Real orden de 23 de Mayo de 1843, se le confió la enseñanza de la segunda clase del segundo año de aquel centro facultativo.

Poco tiempo tuvo á su cargo la honrosísima misión de enseñar; cuando alumno, se distinguió por estudioso; llegado á Profesor, se le reconocieron facultades escepcionales para el cultivo de las Ciencias; de modo que Verdú fué indicado, muy luego, para estudiar en el extranjero los adelantos de las Ciencias, por considerársele, para ello, como el oficial más idóneo del Ejército.

De Profesor pasó á escritor, y este cambio fué de su agrado; bien considerado, ambas profesiones tienen íntima relación, si acaso no dirigen sus miras á idénticos fines; el primero explica á un auditorio encerrado en los estrechos límites de una Cátedra; el segundo pretende difundir las verdades científicas que posee, valiéndose de mayor publicidad; bajo este concepto, el servicio que presta á las Ciencias el buen escritor es, si cabe, superior, en mucho, al del Profesor. Verdú, con gran complacencia, abandonó la Academia, pues en 30 de Septiembre fué comisionado, por el Gobierno, para estudiar en París, extensamente, las Ciencias exactas y naturales, con especial interés Física, Química é Historia Natural, á fin de difundir luego, en España, los adelantos que, en este ramo del saber humano, se habían hecho en Francia. Verdú salió, en Octubre de aquel mismo año, para París, la gran metrópoli, la nueva Atenas de la moderna Europa.

La grandeza y magnificencia de la gran ciudad, en nada distraían á nuestro estudioso oficial de sus tareas científicas y eruditas ocupaciones; los placeres que le rodeaban, ninguna influencia ejercían sobre su ánimo; consagrado, por entero, al estudio, bien pronto dió muestras de su laboriosidad é inteligencia, en multitud de informes y dictámenes dirigidos á los centros técnicos del Ejército español; entre ellos, mereció los mayores elogios su Memoria sobre la aplicación de la electricidad á la explosión de las minas militares. También empezó, hacia aquella época, la traducción del tratado de Química de Mr. Regnault, uno de los tratados que más aceptación tenía en las Universidades é Institutos de Francia. Tantos servicios prestados á las Ciencias, merecían señalada recompensa, y la obtuvo, concediéndosele el grado de Teniente Coronel de Infantería. Asimismo no perdonó medio alguno, aunque tuviese que vencer grandes obstáculos, para visitar los primeros establecimientos militares de aquella Nación; observó en Metz, ciudad del Norte de Francia, tenida por inespugnable, los detalles y circunstancias que hacían célebre su Escuela de Ingenieros, y la sabia organización de sus Escuelas regimentales; de todo tomó nota, y remitió á sus superiores lucidos informes que fueron elogiados.

Hacia aquel año preparábase, en la capital de la Gran Bretaña, un acontecimiento de gran resonancia: la primera Exposición Universal.

Nadie mas apto que Verdú para estudiar, de cerca, aquel inmenso certamen de la Industria, que tan valiosos elementos de cultura y de progreso debía preparar en el mundo civilizado. Así, por Real orden de 24 de Enero de 1851, se dispuso fuese á Londres, acompañado de los Tenientes del cuerpo, D. Luis de Castro y D. Ramón Méndez Vigo, quienes auxiliaron á nuestro infatigable Verdú en sus investigaciones. Los informes que los jóvenes oficiales elevaron á sus jefes, dando cuenta detallada de sus observaciones sobre todo lo que al arte de la guerra pudiera convenir, así como á las Ciencias auxiliares, fueron notables. Gran parte de estos dictámenes se publicaron en el Memorial del cuerpo y merecieron grandes elogios.

Tan importantes se consideraron las observaciones de Verdú, en Inglaterra, que, á pesar de haber dado por terminada su misión en aquel país, y vuelto á la capital de Francia, por disposición del Ingeniero general de 1.º de Marzo de 1852, se le previno regresase á Inglaterra, encargándole, en este segundo viaje, nuevas comisiones, que llevó á cabo cumplidamente. Por sus esclarecidos servicios, en estos viajes, obtuvo el empleo de segundo Comandante del Ejército.

Parece que el hombre de ingenio tiene sus mayores complacencias en la contemplación de sus propias obras; quédese la satisfacción de los honores y riquezas para el hombre vulgar, adocenado; así se explica que don Gregorio Verdú hiciese poco aprecio de los grados y empleos que se le conferían, viviendo aislado en el fondo de su gabinete, consagrado, por entero, á sus tareas científicas y literarias, en cuyos trabajos cifraba sus más legítimas esperanzas. Con la mayor frialdad, recibió la Real orden de 12 de Abril de 1853, por la que se le confería el grado de Coronel de Infantería, con antigüedad. Mas si indiferente fué á esta gracia, que bien merecida la tenía, en cambio, mostrábase activo, hasta el entusiasmo, por ver terminada su traducción de la Química de Regnault, que al fin dió á luz, á sus costas, merced á sus crecidos dispendios. La obra, que mereció unánimes elogios, fué declarada de texto para las Universidades y Escuelas del Reino. También publicó, durante aquel año, el resumen de sus observaciones sobre la aplicación de la electricidad á la explosión de las minas de guerra, cuya notable Memoria se insertó, asimismo, en el «Diario de Sesiones» de la Academia de Ciencias de París, y en la «Revista» anual de la de Madrid. Asimismo expuso, en un bien razonado informe, su sistema de penitenciarias y prisiones militares, haciendo observar las prácticas rudimentarias y deficientes de las antiguas penitenciarias, contrarias al espíritu humanitario de nuestros días.

Con razón hemos dicho que Verdú era, en sus estudios, infatigable. Aquel año fué, para él, de asiduas tareas; y como si el constante trabajo de sus tareas científicas no fueran bastantes, emprendió, en Guadalajara, nuevos experimentos sobre electricidad. En recompensa á sus señalados servicios, ascendió á Comandante del cuerpo, en 16 de Septiembre de 1854. Terminada su misión en Guadalajara, pasó nuevamente á París, donde permaneció hasta fines de Diciembre, que fueron suprimidas todas las comisiones en el extranjero. Verdú regresó á Madrid en 1.º de Enero de 1855, y, durante este año, se consagró á coleccionar y publicar la mayor parte de sus últimas observaciones y experimentos. Fué propuesto para el grado de Teniente Coronel.

～～～

Dejamos dicho, anteriormente, que la vida sedentaria, pasiva, no se armonizaba con el genio y aspiraciones de D. Gregorio Verdú; joven y activo, la situación de guarnición le hacía sufrir; solo las arduas tareas científicas le instigaban é inducían á elevadas especulaciones; además, las duras prácticas que la ordenanza y disciplina imponen al soldado para mantener el orden y la subordinación en los cuerpos, eran contrarias á la afabilidad y dulzura de su caracter. Destinado á la Dirección Subinspección de Castilla la Nueva, por Real orden de 15 de Enero de 1855, abandonó bien pronto este cargo, pues solicitó, y obtuvo, por Real orden de 1.° de Febrero siguiente, pasar al Ejército de Filipinas, con el ascenso de Teniente Coronel del cuerpo.

Verdú se embarcó, para aquellas apartadas regiones, en el puerto de Cádiz, el 1.° de Julio; y después de feliz navegación, cruzó el itsmo de Suez, arribando á Manila el 2 de Septiembre. Nuevos horizontes, á sus investigaciones científicas, se le abrían; nuevos campos donde ejercitar las dotes de su privilegiado ingenio, se presentaban á sus ojos; todo parecía favorecerle, para dar rienda suelta á los móviles que le habían llevado á aquellas feraces islas. Tan luego llegó á Manila, no se permitió el menor descanso, y, muy luego, tomó posesión de la Comandancia del arma en aquella plaza, captándose, desde luego, las simpatías y aprecio de sus subordinados, por su juventud, inteligencia y esmerado trato.

Uno de los períodos mas laboriosos y aprovechados de Verdú, durante su dilatada carrera, fué el que comprendió su permanencia en el archipiélago filipino. Circunstancias especiales conspiraron á este fin. Sabido es que, en nuestras provincias de Ultramar, han estado, constantemente, confundidas las jurisdicciones civil y militar; semejante régimen colonial, bien funesto, por cierto, á los intereses de la metrópoli, hacía que los jefes y oficiales del Ejército desempeñasen empleos y cargos civiles, que se les encomendase comisiones científicas, y que el cuerpo de Ingenieros interviniese en la gestión directiva de la mayor parte de las construcciones civiles de aquellas provincias.

Si el Teniente Coronel Verdú llegó á Filipinas precedido por la aureola de una merecida reputación de distinguido Ingeniero, amante de las Ciencias y de las Letras, estudioso, activo, y con propósitos de prestar el concurso de su saber é inteligencia á todo esfuerzo noble y levantado que redundase en beneficio público, de presumir era que no le habían de faltar honrosas comisiones que desempeñar, ni campo donde poder ejercitar su no desmentida competencia en todos los ramos que forman la difícil ciencia de administrar, sabia y equitativamente, los pueblos.

Así fué, en efecto: el prestigio y autoridad de Verdú se impuso, y pocos fueron los centros administrativos, de aquellas islas, que no le consultasen para la acertada solución de sus expedientes más importantes. Pero atento, en primer lugar, al desempeño de las obligaciones propias del arma á que pertenecía, y de cuya suprema dirección se encargó, en 18 de Agosto de 1858, por haberse embarcado para la Península el Director Subinspector del Cuerpo, supo armonizar, con extremada delicadeza, el desempeño de las funciones de Director del cuerpo de Ingenieros, y las comisiones que, de continuo, se le conferían por Corporaciones civiles.

En Abril de 1859 salió, de Manila, para el Sur del archipiélago. Observó, detenidamente, el estado y necesidades de todos los establecimientos militares de aquellas islas, y expuso, en lucidas Memorias, el resultado de sus observaciones, las cuales merecieron cumplidos elogios. Nada se escapó á la perspicaz mirada de Verdú, en estos informes; el buen gobierno de los pueblos que visitó, sus costumbres, los medios para preparar y desarrollar su riqueza, todo fué objeto de sus investigaciones. El proyecto que escribió, por encargo especial del Capitán general del distrito, sobre el dominio y ocupación de la extensa isla de Mindanao, la segunda en extensión y población de aquel archipiélago, es considerado como uno de los documentos estadísticos de más importancia, de los muchos que han visto la luz pública referentes á aquellas islas.

La isla de Mindanao formaba parte, nominalmente, de los dominios españoles en la Occeanía, y los derechos de soberanía de España, no disputados por ninguna Nación del mundo, eran desconocidos, sin embargo, por sus habitantes, que vivían en un estado semisalvaje, ó formando pequeñas tribus independientes, gobernados por reyezuelos ó dattos. Cúpole á Verdú ser el promotor ó, mejor dicho, el iniciador de la colonización de aquella dilatada provincia, y bien puede su nombre figurar, con gloria, al lado de los más ilustres españoles qué, en aquellas islas, supieron y tuvieron suficiente energía para hacer respetar el nombre de España, y cimentar en ellas su dominio con base indestructible.

Las atenciones de la milicia no eran obstáculo, como hemos dicho, para que Verdú estuviese al frente de importantes construcciones civiles. Una de éstas, fué la notable fábrica sobre el río Pasig, cuyo puente de hierro se le confió por el Capitán general del distrito; infatigable en la comisión de sus propósitos, nada omitió para conseguir la pronta terminación de su magnífico y atrevido proyecto, antes de abandonar, para siempre, aquellos feracísimos países; parecía que en la construcción del puente, obraba estimulado por el noble afán de dejar en Filipinas un recuerdo imperecedero de su amor á aquellas islas, y de la gratitud que debía á sus habitantes. Terminadas las obras más importantes, que exigían su inspección personal, Verdú se embarcó, para Europa, en 21 de Mayo de 1863, con el fin de contratar el puente de hierro que debía tenderse sobre el río Pasig, para unir sus dos orillas; pero habiendo espirado el plazo reglamentario de su destino en Ultramar, fué destinado para continuar sus servicios en la Península, en 12 de Abril del siguiente año. Verdú ya no pudo volver á Filipinas; sus ardientes deseos de terminar el puente sobre el Pasig, no pudo verlos realizados, haciendo partícipe de su gloria al Ingeniero que le sucedió en la dirección de aquella monumental construcción.

Durante el año 1865, Verdú desempeñó importantes

comisiones en la Península; la que mayor favor le dispensó fué la que llevó á cabo, con lisonjero éxito, acompañado del Coronel D. Miguel Rodríguez Arroquia. El Gobierno creyó oportuno conocer el estado de defensa de las plazas fuertes de Cádiz, Ceuta, Cartagena y Tarifa, y ser informado, convenientemente, para la solución de determinados problemas referentes á las mismas. La idoneidad de Verdú le recomendó, con preferencia, á otros jefes del arma; y, obligado por esta distinción, trabajó asíduamente en estos estudios desde Julio á últimos de Septiembre, en cuya época se encargó, interinamente, del Depósito general Topográfico.

Por este tiempo preocupó á Verdú una idea agena, en un todo, á su profesión militar. Joven, en lo más floreciente de su vida, disfrutando honores y distinciones, merced á su brillante carrera militar y á su bien merecida reputación científica y literaria, frecuentaba los salones mas aristocráticos de la Corte. Sus circunstancias personales eran eficaces recomendaciones para que las personas más distinguidas de ella procurasen su amistad; esto le facilitó el conocimiento y trato de la Srta. D.ª María Teresa Real y Saint-Yust, joven de singular belleza, de familia ilustre, de raro talento, que llegó, con sus encantos, á apoderarse de las afecciones de Verdú, quien al fin hubo de rendirle pleito homenaje, solicitando su mano. La elección no pudo ser más acertada; y obtenida la competente autorización, llevó á cumplido término su proyectado enlace en el mes de Febrero de 1866.

El nuevo estado del Coronel Verdú fué, para él, manantial inagotable de puros goces. El abrió á este bizarro jefe militar el período más feliz de su vida, el cual duró en su apogeo hasta el año 71, que la situación política del país le hizo prever, en no lejano tiempo, un cúmulo de calamidades que debían alejarle de su domicilio, y obligarle á abandonar sus tranquilas ocupaciones.

Antes que Verdú fuese molestado por estos tristes presagios, veía realizadas las aspiraciones de toda su vida; amado sinceramente por su joven esposa, gozaba, á sus anchas, de la paz y tranquilidad domésticas; respetado por su envidiable reputación científica y literaria, entregábase á sus habituales ocupaciones en el retiro de su gabinete, siendo parto de su ingenio y sabiduría, multitud de luminosas memorias y razonados dictámenes, eligiendo, como objeto preferente de sus estudios, problemas referentes al fomento de la riqueza pública en las islas Filipinas; de este número fueron las que escribió sobre los *Carbones minerales de Sibura en la isla de Mindanao.—Instalación de la Casa de Moneda en Manila.—Plano del paseo y jardines de Arroceros de aquella ciudad.—Trazado general del pueblo de San Miguel.—Nuevo sistema de construír edificios públicos y particulares para las islas Filipinas,* y otros.

También pudo llevar á cabo, durante aquella época feliz de su vida, la publicación del primero y segundo volumen del *Catálago general del Depósito Topográfico del Cuerpo de Ingenieros,* que terminó en 17 de Julio de 1872, dando á la estampa el tercero y cuarto tomo. Esta obra, en extremo interesante, contiene la descripción completa y detallada, por medio de mapas y planos, de los pueblos de España é islas adyacentes, así como el de las provincias de Ultramar.

La tranquilidad de ánimo que disfrutaba Verdú, pronto había de ser interrumpida por acontecimientos políticos que debían apartarle de sus tareas científicas. La revolución de Septiembre, año 1868, fué seguida de transtornos políticos de gran transcendencia, y obligó á poner en actividad á todos los jefes y oficiales del Ejército. La guerra civil amenazaba hacia el Norte de la Península; la anarquía invadía sus provincias meridionales, y en las altas esferas oficiales, de la entonces República española, reinaba un desorden administrativo suficiente para derribar al suelo las instituciones públicas. Verdú, por su categoría en el Ejército, por su probidad, inteligencia y dotes de mando, que le distinguían, debía coadyuvar á la obra pacificadora del país, y á esta gran empresa restauradora no pudo sustraerse; su honor militar le indicaba el lugar de mayor peligro, y la conciencia de su propio deber le inducía á aceptar todos los cargos y comisiones, en cuyo desempeño pudiera contribuir á restablecer la paz, así como el imperio de las leyes.

Por decreto de 25 de Marzo de 1873, ascendió á Brigadier Director Subinspector del Cuerpo, y al ingresar en la categoría de oficial general, entró también de lleno en la vida activa, agitada, llena de privaciones anexas al ejercicio de las armas. Nombrado, por decreto de aquella misma fecha, jefe de la segunda brigada de las tropas del arma, que se creó por su nueva organización, entregó á su sucesor el Depósito general Topográfico, y abandonó de nuevo las ocupaciones oficinescas, sus estudios, su Biblioteca. Después de algunos incidentes de orden secundario, que le retuvieron en Madrid algunos meses, salió á campaña.

La Nación, entonces, hallábase en deplorable estado. Bien fuese en connivencia con altos funcionarios del Estado, bien en odio al nuevo orden de cosas, siendo Presidente de la República D. Francisco Pi Margall, viose la inespugnable plaza de Cartagena en poder de un puñado de hombres que, dueños de los buques de guerra fondeados en su bahía, ejercían toda clase de tiranía sobre la costa del Mediterráneo. Para sujetarlos se organizó, á principios del verano del año 1873, un respetable Ejército que situó su cuartel general en el caserío de las Palmas, á una legua de la ciudad.

El Brigadier Verdú salió de Madrid el 1.º de Diciembre de aquel año, y llegó á aquel campamento el día 3, encargándose de la Comandancia general de Ingenieros del Ejército sitiador. Las circunstancias que le rodeaban frente á Cartagena, eran bien distintas de las que le rodearon durante el sitio del castillo de Aliaga, cuando por primera vez pelcó contra fuerzas enemigas; entonces, simple oficial, no tenía sobre sí el peso de responsabilidad alguna; ahora, su elevado cargo le obligaba, ante el Ejército y ante el país, á dar estrecha cuenta de su valor, inteligencia y pericia. Cuando joven, lleno de entusiasmo, las fatigas de la guerra eran incidentes de ninguna importancia; ahora, en edad avanzada, los bríos de la juventud eran contenidos por la prudencia. Mas si los años y la mucha experiencia habían modificado algún tanto las condiciones personales de Verdú, no habían aminorado, sin embargo, los sentimientos de pundonor é hidalguía de que siempre se había mostrado lleno, como bravo y entendido militar.

La elección de Verdú para el mando de la brigada de Ingenieros, fué acertada; pocos Generales le igualaban en abnegación y patriotismo: dos meses estuvo en el campamento, y siempre se le vió dando ejemplo de actividad; así, los Generales Ceballos y López Domínguez, que mandaron en jefes el Ejército, tuvieron en el Brigadier Verdú un poderoso auxiliar para esforzar el sitio de la plaza, que terminó, felizmente, con la rendición del castillo de Atalaya, el 11 de Enero de 1874, y la fuga de los principales jefes de la insurrección, como Roque Barcia, Antoñete Galbis y Pernas, que se embarcaron en la fragata *Numancia*, yendo á tomar tierra en las costas de la Argelia, cerca de Orán.

Los laudables esfuerzos de Verdú en pro de la causa del orden, y los brillantes servicios que prestó durante su corta permanencia en el campamento de las Palmas, merecieron, por parte del Gobierno, honorífica distinción, y por orden del 13 de Febrero, se le concedió la Cruz de tercera clase del Mérito Militar.

Verdú regresó á Madrid, terminado el sitio de Cartagena, mas no para disfrutar de la paz y tranquilidad doméstica. El año 1874 era de disturbios y agitaciones; nuestro bravo General debía seguir, paso á paso, la corriente de los acontecimientos que venían sucediéndose con rapidez inusitada. Después del sitio de Cartagena, vinieron los amagos de desórdenes en Valencia, que no estallaron por la presencia de la brigada Verdú, que salió precipitadamente de Madrid, el 11 de Mayo, para prevenir todo motín. Luego sucedió la excursión de los carlistas sobre Sigüenza, que no cayó en su poder por el pronto auxilio que esta población recibió de la brigada Verdú que, de regreso de Valencia, se hallaba otra vez en Madrid. Terminado, felizmente, este movimiento, Verdú, con su brigada, regresó á la Corte á esperar órdenes.

Mientras tanto, la guerra civil ardía en las provincias del Norte. Los pueblos éuscaros y navarros, hacían prodigios de valor por conservar sus libertades municipales y su autonomía administrativa. Los esfuerzos del Gobierno de Madrid por quebrantar la fuerza de aquellos montañeses, habían sido, hasta entonces, ineficaces; á la aspereza natural de sus montes, que les servían de parapetos, se añadía la admirable organización militar, que habían logrado alcanzar; de modo, que el Ejército liberal se hallaba en situación pasiva, espectante, esperando que el Gobierno de Madrid diese impulso á las operaciones de guera, facilitando los refuerzos que las circunstancias hacían necesarios, así como jefes y oficiales que moralizasen al soldado, abatido por la inutilidad de la titánica lucha que sostenía.

Verdú debía formar parte de la legión de los excogidos, y entre éstos, ocupar un lugar preeminente; así fué, en efecto. Incorporado al Ejército del Norte, sus dotes personales le recomendaron para ocupar un lugar, ó desempeñar una comisión de verdadero compromiso; así se le confió la defensa del antiguo pueblo de Miranda de Ebro.

Situado á la orilla izquierda del río, en los confines de la provincia de Burgos, es su estación del ferrocarril de escepcional importancia, por afluír á ella las líneas de Castilla, Aragón, Navarra y Provincias Vascongadas; además, el río, que cruza su término municipal, es vadeable con facilidad por diferentes lugares; de modo que la situación de Miranda era de suma importancia y muy ambicionada por el Ejército carlista. Su posesión hubiese facilitado á éstos el dominio de la provincia de Burgos, y, tal vez, decisiva superioridad sobre el Ejército liberal. Las fortificaciones de la ciudad no se hallaban á la altura de su importancia estratégica; su recinto se hallada defendido por murallas descuidadas, casi derruídas, y su antiguo castillo, con sus almenados torreones de la Edad Media, era impotente para resistir el fuego de la moderna artillería; este era todo el aparato de defensa de la ciudad; bien se podía considerar á Miranda como plaza abierta, expuesta á las acechanzas del enemigo.

En 10 de Julio, el Brigadier Verdú tomó el mando de su guarnición, compuesta de ocho compañías de Ingenieros y los batallones de reserva de Córdoba y Játiva, exiguas fuerzas para poder conservar la posesión de aquella importante plaza, baluarte avanzado de los extensos llanos de Castilla; mas si faltaban medios de defensa, el valor y abnegación del Brigadier Verdú, secundado, valientemente, por las fuerzas de su mando, le habían de sugerir arbitrios para mantener la posesión de la plaza contra los carlistas que, potentes y amenazadores, se hallaban situados, ventajosamente, en los pueblos inmediatos al escabroso monte Toloño, escalonándose hasta las inaccesibles alturas de Zambrana, frente al puente de Arce; por la parte opuesta, numerosos grupos destacados de las partidas alavesas y vizcaínas, que intentaban unirse á los carlistas de Navarra, por los puentes de Arce y Armiñón, se hallaban fuertemente establecidos, esperando el momento oportuno para cruzar el Ebro, por los vados de Ircio.

La situación de Miranda era desesperada, pero el ánimo de Verdú no decayó un solo punto; lejos de encerrarse en su posesión, reparando sus defensas, situó avanzadas en lugares oportunos, con fuertes destacamentos; menospreciando los peligros á que se exponía, recorría diariamente los pueblos y aldeas inmediatos á la plaza, y logró limpiar de pequeñas partidas los pueblos de Bayas, Rivaguda, Rivabelloso, Santa Gadea y otros muchos, causando al enemigo algunas bajas, ocupándoles, además, armas y convoyes.

El éxito de estas pequeñas excursiones militares infundió valor al soldado, preparándole á empresas mayores. De tal manera influye en el ánimo del soldado el éxito de los combates, que la victoria es factor importante para su moral y disciplina. Era de ver en la pequeña columna que defendía á Miranda, el proceder más correcto y la abnegación más cumplida; así pudo el Brigadier Verdú llevar á feliz término la empeñada acción de Rivabelloso el 29 de Julio, juzgada como prodigio, debido á su valor é inteligencia.

El General carlista Valluerca había ocupado aquel pueblo, con una fuerte brigada compuesta de 2.000 soldados de Infantería y 400 de Caballería, con ánimo decidido de vadear el Ebro, para unirse al grueso del Ejército carlista de Navarra. Verdú vió la oportunidad imperiosa de interceptar la marcha de Valluerca, no solo con el fin de evitar el acrecentamiento de fuerzas enemigas en región determinada, sino también para cerrar el paso del río á otras columnas que, procedentes de Vizcaya y Alava, hubieran seguido el camino trazado por Valluerca, estimulados con su ejemplo.

Firme en sus propósitos el Brigadier Verdú, no consideró las escasas fuerzas que contaba, inferiores, en mucho, á las del enemigo, para desalojarle de las fuertes posesiones que ocupaba. Al amanecer de aquel día, el esforzado General salió de Miranda, al frente de cinco compañías de Ingenieros, otras tantas de la reserva de Játiva y una sección de voluntarios; la empresa rayaba en temeridad; la pequeña columna expedicionaria, no podía ser protegida por Caballería ni Artillería, de que carecía; sin embargo, dado principio á la acción, fueron tales las disposiciones de Verdú, y el valor de sus soldados, que las tropas del Pretendiente, aunque superiores en número y atrincheradas fuertemente, tuvieron que abandonar el pueblo, sufriendo numerosas bajas y dejando en poder de los soldados de Verdú, gran número de armas y copia de provisiones.

La empeñada acción de Rivabelloso fué precursora de otra mayor en importancia y resultados. A mediados de Agosto de aquel año, se organizó en Alava un fuerte cuerpo de Ejército carlista, con destino á Navarra.

Aunque el Brigadier Verdú se hallaba al frente de su antigua brigada y de la división de vanguardia del Ejército liberal, que accidentalmente había quedado á sus órdenes, los batallones alaveses, como de costumbre, sumabau un número de combatientes mucho mayor que el de los liberales; mas no faltó á éstos valor ni decisión. Conocidos de Verdú los designios de los Generales enemigos, transladose sin pérdida de momento á Puente Larra y Río Genil, donde los carlistas tenían formadas fuertes trincheras, así como en Villanueva de la Portilla, para proteger el paso del río. Empeñada y ruda fué la acción; los carlistas llevaban inmeusa ventaja á los liberales, por su número y posesiones ventajosas que ocupaban; mas la superioridad numérica fué vencida por la disciplina, y los reductos por el valor de los liberales, ó, más bien, por las acertadas disposiciones del Brigadier Verdú. Largas horas duró el combate; mas al fiu, los carlistas fueron rechazados, viéndose obligados á abandonar sus trincheras y fuertes reductos, perdiendo, con la acción, la esperanza de poder pasar el Ebro y reunirse al grueso de su Ejército, en Navarra.

Después de la brillante acción de Laportilla, que dió por resultado el alejar á los enemigos de las orillas del Ebro, y poner á cubierto de toda sorpresa los pueblos de la Rioja, la brigada Verdú formó parte de la división de vanguardia del Ejército liberal, que debía operar sobre el camino de Miranda á Vitoria, para poner en comunicación esta ciudad con el resto de España.

Relatar aquella dificilísima jornada, en la que la división mandada por Verdú tuvo que vencer obtáculos, que solo el heroísmo podía allanar, sería descripción interesante; mas la índole especial de este trabajo biográfico, nos veda descender á la exposición de detalles propios del campo de la Historia. Fueron tantas las penalidades que hubo de arrostrar Verdú, que, víctima de pertinaces calenturas, no pudo dar por terminada su empresa hacia Vitoria, y, bien á su pesar, tuvo que resignar el mando de la división, para atender al restablecimiento de su quebrantada salud. Previa la oportuna autorización, se retiró á Madrid, donde terminó aquel año 1874, en situación de cuartel, á virtud de Real orden de 19 de Octubre, expedida á su instancia. Su pase al Estado Mayor general del Ejército, motivó aquella Real orden.

Al empezar el año 1875, la presencia del General Verdú en el Ejército del Norte, se hacía necesaria. Las apremiantes atenciones de la guerra, reclamaban el concurso de su valor, ingenio y pericia militar; de modo que, instigado por las insinuaciones de su pundonor militar, solicitó la vuelta al cuerpo de que procedía, la que obtuvo por Real orden de 23 de Febrero de aquel año, con la antigüedad y derechos que le correspondían. Nombrado, en 5 del siguiente Marzo, Comandante general en comisión del arma en el Ejército del Norte, salió de Madrid el 21 del mismo mes, y el día 24 se encargó en Tafalla de dicho cargo.

Por Real orden de 3 de Junio, fué destinado á la Dirección Subinspección de Navarra, debiendo conservar, en comisión, en el Ejército del Norte, el cargo que venía ejerciendo de Comandante general del arma de Ingenieros. A pesar de las múltiples atenciones que le imponían el desempeño de estos importantes cargos, Verdú salía airosamente bien de cuantas comisiones se le conferían; entre otras, practicó un extenso reconocimiento facultativo en la dilatada línea que servía de base de operaciones al Ejército liberal en los campos de Tafalla, para determinar los puntos que debían fortificarse, y los más á propósito para el emplazamiento de baterías.

Al empezar el verano, el General en jefe dispuso emprender vigorosamente las operaciones de la guerra; mencionaremos, suscintamente, las acciones en las que tomó parte el Brigadier Verdú, pues ya hemos dicho que descender á detalles sería hacer historia, no una biografía; Verdú, incorporado al cuartel general en Tafalla, acompañó al Ejército en las operaciones practicadas y combates sostenidos del 6 al 8 de Julio, para levantar el bloqueo de la importante plaza de Vitoria, especialmente en el ocurrido el día 7 en el Condado de Treviño; en la acción de Villarreal, el 29 del mismo mes; en la de Rutia, el 14 de Agosto; en las operaciones verificadas por el Ejército sobre Villarreal y otros puntos, desde el 25 de Octubre, y en las de los días 3, 4 y 5 de Noviembre, que dieron por resultado la rendición del inespugnable fuerte de León, situado en el puerto de Herrera, posesión de suma importancia estratégica; en la toma del pueblo fortificado de Labastida; en el sangriento combate de Bernedo, el 12 de Noviembre; en la toma de los pueblos de Villalva, Huarte, alturas de Escaba y de Miravalles, verificado el 23, y en la de los montes fortificados de San Cristobal y Oricaín, que, gloriosamente, se ocuparon el 24 del propio mes. En recompensa de tan señalados servicios, obtuvo la Gran Cruz roja del Mérito Militar.

La lucha con los valientes montañeses que defendían, palmo á palmo, aquellos pueblos, hasta entonces constituídos en verdaderas repúblicas municipales, donde se gozaba de vida administrativa independiente, era tenaz, porfiada, titánica. El último esfuerzo se preparaba en el campo liberal; y para que fuese de resultados decisivos, hubo de marchar el General en jefe á Madrid; Verdú que debía acompañarle, abandonó el Ejército el 27 de Noviembre, permaneciendo en la coronada villa hasta el 24 de Diciembre, que volvió á hacerse cargo, en Pamplona, de la Comandancia general del arma, la cual desempeñó el resto del año.

Al empezar el año 1876, continuaba Verdú de Director Subinspector del arma en Navarra, y desempeñaba, además, el cargo de Comandante general de Ingenieros del Ejército de la izquierda en el Norte, cargos que cesó de ejercer, hasta que le sobrevino, inesperadamente, la muerte, en el campo de batalla, el 30 de Enero.

Este triste suceso tuvo lugar al dirigir un movimiento de sus tropas sobre el pequeño pueblo de Dima, situado en el valle de Arratia; una bala de fusil, disparada, tal vez, por quien huyó cobardemente al divisar los soldados liberales, atravesó el corazón del valiente y pundonoroso Brigadier Verdú, dejándole en el acto sin vida. Así murió este inolvidable hijo de Monovar, á quien puede llamársele, como á Bayardo, héroe francés, *el caballero sin mancha.*

Al cadaver de Verdú se le dió sepultura en Villaxo, el 31 del mismo mes.

Ancho campo se ofrece á la inspiración para hacer el panegírico de tan valiente como instruído militar; empero creemos más eficaz citar sus recompensas, que dejar correr la pluma á impulsos de nuestra admiración, por los hechos memorables del exclarecido varón, preclaro hijo de Monovar.

Cruces y condecoraciones.

1849.—Fué nombrado Miembro de la Sociedad Geológica de Francia, en la sesión celebrada por dicha Academia, en 18 de Julio.

1850.—Corresponsal de la Real Academia de Ciencias de Madrid, por unanimidad de votos.

1851.—Real decreto de 5 de Agosto: Caballero de la Orden de Carlos III, por sus servicios y méritos literarios.

1855.—Real orden de 17 de Agosto: se le autorizó para usar la Cruz de la Legión de honor, concedida por el Emperador Napoleón III.

Individuo de número de la Real Sociedad Económica de Amigos del País de Filipinas, en sesión de 13 de Diciembre, y después Conciliario de Artes de la misma.

1859.—Por Real orden de 13 de Abril, se le concedió la Cruz de la Real y Militar Orden de San Hermenegildo, con antigüedad de 1.º de Septiembre de 1858.

1862.—Por Real decreto de 30 de Junio: Comendador ordinario de la Real y Militar Orden de Carlos III.

1886.—Por Real orden de 20 de Julio: Cruz de segunda clase del Mérito Militar, de la designada para servicios especiales, en recompensa de sus escritos sobre las minas de guerra.

1871.—Por Real orden de 20 de Abril: Encomienda de Isabel la Católica.

1874.—Decreto de 4 de Enero: se le concedió la Cruz de tercera clase del Mérito Militar.

Decreto de 13 de Febrero: Cruz roja de tercera clase del Mérito Militar, por el que contrajo en Cartagena.

Por Real orden de 26 de Septiembre: Placa y Gran Cruz de la Orden de San Hermenegildo, con la antigüedad de 7 de Agosto.

Mas sobre estos honores, la posteridad concederá al inolvidable Verdú la recompensa más alta á que se puede aspirar: *Los honores de la fama póstuma.*

Nicasio Camilo Jover

(N. 1821—M. 1881)

POCOS nombres podrán ostentar títulos más que sobrados, para disputar al de Nicasio Camilo Jover el merecimiento de un homenaje, traducido en las mal perjeñadas páginas de una biografía, que se proponga transmitir, de generación en generación, el recuerdo imperecedero de un ilustre patricio, de un incansable periodista, de un literato distinguido, de un poeta de levantada inspiración y de fecundo numen. Que de tal suerte, y con ese abolengo preclaro, se presenta, ante nuestra mente, el alicantino ilustre, cuyo nombre figura al frente de estos renglones.

No habrá, seguramente, en Alicante, quien al leer el nombre de Nicasio Camilo Jover, no traiga á su memoria el perfil correcto de aquella respetable personalidad, de continente apuesto y digno, de semblante noble y majestuoso, de rasgos severos é imborrables, de mirada franca y fulgurante, de espaciosa frente en donde se podían leer las aspiraciones vehementes de un alma soñadora y de un corazón abierto á todo lo grande y á todo lo sublime.

¿Cómo no recordarlo?...

Procuraremos, en breves apuntes biográficos, rendir el homenaje debido á la memoria de alicantino tan ilustre.

Don Nicasio Camilo Jover nació en Alicante, el 14 de Diciembre de 1821, siendo sus padres un distinguido Abogado, D. Francisco Jover, y una virtuosísima señora, doña Inés Pierrón.

Dedicado, desde sus años más tiernos, al cultivo de la literatura y al estudio de nuestros clásicos, mostró tan felices disposiciones, que aun no contaba diecisiete Abriles cuando terminaba sus estudios de Humanidades, y merecía ser nombrado socio de mérito, en 1838, del Liceo artístico y literario de Murcia.

Jover era, ante todo y sobre todo, poeta, y poeta de alto vuelo, de los que sienten arder en la mente el fuego purísimo de la inspiración, mientras en el alma palpitan los sentimientos más nobles y desinteresados.

Galana muestra dió de su valía, y de lo que de él podían prometerse las patrias Letras, con la publicación, en 1841, de un volumen de poesías, que presentó á nuestro biografiado en la capital de España, pidiendo sitio predilecto entre los hijos de las Musas. Y lo consiguió.

Que á ese primer libro, siguió otro, titulado *Glorias de España*, y el ilustre estadista D. Antonio Cánovas del Castillo fué el encargado (en discretísimo prólogo puesto á la obra) de alentar al joven vate, y de señalarle, en la república de las letras, el lugar codiciado á que aspiraba.

Diez años vivió en Madrid Nicasio Camilo Jover; y durante ese tiempo, dedicado de lleno á la noble profesión de periodista, consiguió alcanzar un nombre querido y respetado, siquiera su modestia no le consintiese escalar aquellos puestos á que otros, más osados, pudieron aspirar, con merecimientos harto escasos.

En «El Heraldo», periódico madrileño, adiestró sus armas de periodista Camilo Jover, y desde entonces fué para él un sacerdocio la profesión á que se había dedicado, y á la que fué atraído por vocación, por aptitudes y por el entusiasmo noble de servir á su patria, ya que no arma al brazo, con los vuelos de una discreta péñola.

En 1851, regresó Jover á su país natal, obligado á ello por vicisitudes de familia y exigencias imperiosas de la mala suerte que, casi siempre, se complace en atormentar á los más dignos de favor y de valimiento.

Ya en Alicante, el periodismo fué la vida entera de Nicasio Camilo Jover.

Primeramente, con «El Eco de Alicante», y más tarde con «El Constitucional», dirigido por él durante largos años, dió á conocer la valía de su infatigable pluma, ora defendiendo reformas y proyectos convenientes al presente y al porvenir del suelo que le había visto nacer, ora en animada y seria polémica política con los diarios de la localidad.

Nunca dijo, en sus artículos, más de lo que quería decir; nunca la invectiva ni el dicterio sangriento brotaron de su pluma; nunca atizó las pasiones y los enconos políticos, sino dentro de un prudente límite; nunca olvidó lo que debía á sus lectores y lo que se debía á su propia dignidad. Fué periodista, de los que nunca prostituyen la profesión ni la rebajan... ¿Qué mejor elogio podemos dedicar á Camilo Jover?... A buen seguro que, de vivir él, no se sentiría satisfecho más que con el título merecidísimo de periodista honrado y digno, que la posteridad le concede.

También como publicista, y como autor celebrado, es acreedor á un homenaje sincero.

Sus obras principales, además de las ya indicadas, son: *Dios y mi derecho*, drama histórico, en tres actos y en verso, que fué estrenado en Madrid, con éxito muy favorable; la *Reseña histórica de Alicante*, impresa en 1863, que obtuvo la distinción de que fuesen de abono en las cuentas municipales, las cantidades que los Ayuntamientos invirtiesen para adquirirla; *El Romancero*, tomo de poesías; *Las amarguras de un Rey*, novela histórica; *El rollo de Villalar*, leyenda basada en el hecho histórico que hirió de muerte las libertades caste-llanas; *Las fragatas insurrectas y el bombardeo de Ali-cante*; *Principio y fin del Imperio de Teodoro*, etc., etc.

La mayor parte de esas obras, valieron á Camilo Jo-ver los más incondicionales elogios de la crítica, siendo nombrado socio correspondiente de la Academia de la Historia, al dar á luz su *Reseña histórica de Alicante*, digna de la general aceptación que consiguió en esta provincia.

Nicasio Camilo Jover dedicó también sus aptitudes á las faenas burocráticas, y durante las épocas de gobier-no liberal, sirvió varios destinos en el Gobierno civil y en la Diputación, con aplauso de sus jefes superiores, que supieron hacer justicia á su laboriosidad y á su conducta ejemplar.

Y así como siempre se le encontró dispuesto á la de-fensa de Alicante, al amparo de sus derechos y al fo-mento de sus intereses, acogiendo proyectos y propo-niendo reformas, tenía también preparada su pluma para las manifestaciones más puras, más santas y más sublimes del corazón. No se celebró en Alicante reunión, concierto, ni espectáculo teatral con objeto benéfico y filantrópico, al que Jover no contribuyera con la inspi-ración que le prestaban las Musas. Y no se limitó, sen-cillamente, á tener su pluma al servicio de la Caridad, sino que su amor al prójimo le llevaba, en ocasiones, las más azarosas, hasta el sacrificio de su persona, aun-que tuviera que arrostrar grandes peligros. Así le vió Alicante entero, formar parte de la benéfica Junta de Socorros, que tantos consuelos prodigó en la aciaga época del *tifus icterodes*, y así pudo admirársele, yendo de una á otra batería, el funesto 27 de Septiembre de 1873, al ser bombardeada la población alicantina por las fragatas insurrectas.

El último destino para el que fué nombrado (Jefe de la Comisión de cuentas municipales de la provincia), apenas si logró desempeñarlo breve tiempo.

Horrible dolencia le postró en el lecho del dolor; y después de siete meses de rudo martirio, que pusieron á prueba el inmenso caudal de su resignación, cerró sus ojos para siempre, á las siete y media de la mañana del domingo 18 de Septiembre de 1881, en los brazos de sus tres hijas y de amigos cariñosísimos, sin que legara otro patrimonio que su nombre honrado y querido. .

. . . .

Haga justicia la posteridad á D. Nicasio Camilo Jover, que tantos títulos ostentó en vida, para que el olvido perdurable no borre su cara memoria.

Para el poeta, tengamos el brote de laurel, símbolo glorioso que fué su ensueño constante; para el periodista, la corona de siempreviva, que perpetúe su nombre en los anales de la prensa alicantina; para el probo funcionario público, el homenaje que merecen la honradez y laboriosidad incansable; para el patricio ilustre, para el ciudadano á quien tanto le debe su país natal, una frase de gratitud, tan sentida como sincera.

De ese modo repararemos, en parte, las injusticias del destino, que quiso relegar á Nicasio Camilo Jover á un obscuro rincón de provincia, en donde las voces más entusiastas y valiosas, suelen resonar como eco que se pierde entre las tumbas.

José Adrián Viudes Gardoqui

MARQUÉS DE RÍO FLORIDO

(N. 1800—M. 1877)

LA biografía no corresponderá, seguramente, á los merecimientos de tan exclarecido patricio. Su vida, digna de imperecedera fama, recuerda al varón noble, esforzado y leal, de antiguos tiempos, donde la austeridad y el honor se reflejaban en todas las acciones, y eran patrimonio exclusivo de una conciencia honrada y de un corazón abierto á los impulsos del bien y á las ideas de santa libertad.

Don José Adrián Viudes y Gardoqui, nació el año 1800 en la hacienda llamada de Villó, próxima al pueblo de San Juan (incluído entonces en el término de Alicante), en cuya Iglesia fué bautizado.

Sus padres fueron D. Francisco Viudes y Maltes de Vera, Marqués de Río Florido, y doña Josefa Gardoqui y Doneta, pertenecientes á la grandeza española; y envuelto entre esa atmósfera de rancia nobleza, signo de señalada distinción, recibió, en los albores de su vida, educación esmeradísima que había de constituír más tarde el complemento de un hermoso caracter, de suyo fuerte como el templado acero, y de suyo bondadoso como resultado de nobles y generosos sentimientos.

A temprana edad, pues apenas contaba dieciocho años, ingresó en la Guardia de Corps, pasando después al Ejército, con la graduación de Capitán, dándose á conocer muy pronto como militar leal y pundonoroso, contribuyendo con su valor y singulares condiciones á mantener, como otros bizarros soldados, enhiesta y alta la bandera de la patria española.

Díganlo sino los combates eu el sitio de Cartagena y Valencia, cuando mandó de Comandante el provincial de Murcia, siendo condecorado con la Medalla especial que se creó para los defensores de dicha ciudad, contra las tropas realistas. Sirvió en el Ejército hasta el año treinta y tantos, en que se retiró de Coronel, colmado de honrosas distinciones, terminando, por manera tan brillante, esta primera parte de su historia, por sí sola acreedora á las más justificadas alabanzas.

Merece señalarse como rasgo de ejemplar desprendimiento, la renuncia que hizo de sus haberes, en favor del Estado.

El año 36, por fallecimiento de su padre, heredó el título y las vinculaciones de que aquél fué poseedor.

Como su padre D. Francisco, que perteneció siempre al partido liberal, por cuya causa sufrió toda suerte de persecuciones, más grandes todavía con motivo de haber sido Alcalde de Valencia del año 20 al 23, militó su hijo, nuestro biografiado, en los partidos liberales templados.

Casó en 1843, en Cartagena, con doña María de los Dolores Girón y Sánchez Osorio, cuya noble señora reside en esta capital, donde es generalmente querida y respetada por sus envidiables prendas personales.

Transcurridos cuatro años en Madrid, transladose á Alicante el Sr. Marqués de Río Florido, residiendo constantemente en esta ciudad, hasta pocos años antes de su fallecimiento, en que volvió á ausentarse de su país natal, obligado por las carreras de sus hijos, porque él, celoso por la educación de su familia, atendíala con singular predilección.

El año 1848, fué nombrado Senador del Reino, comenzando, desde esta época, la historia del hombre político, tan digna de encomio como lo ha sido la historia del hombre militar.

Cesó en tan elevado cargo al disolverse el Senado, por la revolución de Septiembre de 1869. Posteriormente, el año 1875, fué elegido Senador por la provincia de Valencia, donde contaba con generales simpatías y profunda consideración.

Antes había sido en Alicante, por espacio de muchos años, Presidente de la Sociedad Económica de Amigos del País y de la Junta provincial de Agricultura, Industria y Comercio, logrando que en aquel entonces se celebrara una Exposición provincial, que tuvo extraordinario lucimiento, en el paseo de Campoamor.

No solo se revela aquí el hijo ilustre de Alicante, amante de la prosperidad y grandeza de su país, sino que más tarde fué concesionario del ferrocarril de la capital á Almansa, y bajo su presidencia se organizó la Comisión encargada de instalar la primera línea férrea que había de unir la Corte con el mar; é hizo todo género de sacrificios por ver cumplidamente realizada esta empresa, que había de reportar vida y gran movimiento comercial á Alicante.

Sin embargo, á pesar de tantos afanes por llevar á cabo obra de tal importancia, no quiso el menor lucro personal, bastándole la íntima satisfacción que experimentaba, por haber tenido ocasión de prestar este valioso servicio á su patria.

¡He aquí nueva muestra de su acendrado cariño á Alicante, y de sus levantados y generosos sentimientos!

Hallándose residiendo en Valencia, jugó un papel importantísimo en los acontecimientos políticos que se desarrollaron en aquella época, poniendo á prueba su consecuencia y su fe, nunca entibiada en los azares de la política, harto revuelta en los tiempos á que aludimos.

El Marqués de Río Florido contribuyó, poderosamente, á que se formase en aquella capital, en 1873, el Círculo

Liberal Alfonsista (en contraposición del Círculo Alfónsino que formaban los antiguos moderados), compuesto de todos los elementos liberales partidarios de la restauración en la persona de D. Alfonso XII, como única solución que creían entonces podía remediar aquel estado de cosas en que ya a envuelta la nación española. Fué Vicepresidente de este Círculo que patrocinaba la restauración juntamente con las ideas más liberales, y del que figuró como Presidente el ilustre Conde de Almodovar, su amigo de la infancia.

Inutil es consignar cómo este centro de activa propaganda influiría en la marcha de aquellos sucesos, y cuán eficaz sería el apoyo que les prestara.

El General Martínez Campos, al pasar por Valencia, con objeto de realizar la proclamación en Sagunto, se hospedó, de riguroso incógnico, en casa del Sr. Marqués de Río Florido, donde celebró importantes conferencias con varias personas y se convino el plan que dió por resultado la inmediata exaltación al Trono de D. Alfonso XII.

Bien claro se demuestra la intervención principal que nuestro biografiado ejerciera en aquel acto político de grande é indiscutible transcendencia.

Ya exaltado al Trono de España D. Alfonso XII, prodigáronse las mas altas mercedes y recompensas á todos aquellos que habían contribuído, con la medida de sus fuerzas, á secundar la proclamación de Sagunto, habiéndose otorgado entre ellas dos grandezas de España, y muchos valencianos fueron premiados, con largueza, por aquel Gobierno de la restauración.

Se comprenderá que el Sr. Marqués de Río Florido era el más obligado acreedor á tales honores y mercedes, que, en verdad, no le escaseó el Gobierno, pero que él rechazó cortesmente, siguiendo su constante norma de conducta de no buscar otras satisfacciones que las de su propia conciencia, ni otros lauros que los del talento, junto con la más completa tranquilidad de espíritu.

Arrostró todos los peligros de aquella jornada, con la

imperturbable serenidad que le infundía el amor á la causa que patrocinaba y su misma naturaleza, jamás doblegada ante los obstáculos, muchas veces insuperables, de la vida.

Estaba condecorado con la antedicha Cruz especial del sitio de Valencia, con la de Carlos III y con la Gran Cruz de Isabel la Católica, teniendo la merced de hábito de Montesa, que nunca usó.

El ilustre Sr. Marqués de Río Florido, falleció en Madrid el 11 de Diciembre de 1877, rodeado en el lecho mortuorio de sus tres hijos y su esposa, que recogieron el último suspiro de aquel ser, por tantos conceptos digno de loa y de perdurable estima...

Murió con la tranquilidad del justo, sin dejar en la tierra un solo enemigo y sí muchos desheredados de la fortuna que habrán bendecido su memoria y recordarán, con lágrimas de eterna gratitud, al protector y al cariñoso amigo.

Dejó encargado en la postrera disposición testamentaria, que fuesen transladados sus restos, como así se hizo, á esta su siempre querida patria.

¡En ella reposan, pues, sus cenizas, y en ella se conserva su imperecedero recuerdo!

Tal es, á grandes rasgos, la biografía del Sr. Marqués de Río Florido, uno de los más exclarecidos hijos de Alicante, para quien fueron todos sus afanes é inolvidables beneficios; noble soldado que peleó como bueno por la causa santa de la libertad; hombre público que puso su talento é inteligencia al servicio de las ideas liberales y de la patria.

Luis Campos y Domenech

(N. 1824—M. 1874)

No de los hombres á quien Alicante debe más gratitud, y cuyo nombre debemos pronunciar siempre con respeto, es D. Luis Campos y Domenech.

Sea cualquiera bajo el aspecto que se le considere; júzguesele en el desempeño de las diferentes funciones que durante su vida ha ejercido, y solo tendremos para él frases de alabanza y encarecimiento, que pongan de relieve sus innumerables virtudes y su clarísimo talento, que quizás han brillado ménos de lo que debieran, por estar unidos á su excesiva modestia y al amor que profesaba á su querida patria.

Como hombre, fué D. Luis Campos y Domenech modelo de caballerosidad y de honradez; ejerciendo el difícil cargo de Fiscal, supo conquistarse el cariño de todos, uniendo en uno solo los sentimientos más hermosos y delicados del corazón humano, los sentimientos de justicia y de clemencia; desempeñando el elevado cargo de Asesor de Guerra, cumplió siempre con acierto su deber; como Presidente de la Diputación provincial de Alicante, procuró en todas ocasiones que sus actos redundasen en beneficio de sus administrados y se ciñesen á la mas extricta equidad, despreciando toda clase de influencias, que en el orden administrativo eran para él completamente inútiles; considerándole como político, habremos necesariamente de admirar su consecuencia, de ensalzar su lealtad y de respetar sus convicciones.

Pero si en todos esos aspectos, si en todas esas variadas y múltiples manifestaciones de su brillante vida se distingue, aun más llorado debe ser su recuerdo y más perdurable su memoria, como ilustre hijo de Alicante que sentía amor entrañable por el país donde abriera los ojos al albor de su vida, y al cual dispensó toda clase de beneficios, consagrando á su prosperidad y engrandecimiento, su actividad, su talento, su fortuna y su valiosa influencia política.

Nacido el 18 de Enero de 1824, hijo de uno de los más acaudalados comerciantes de esta plaza, recibió una educación esmeradísima desde su infancia, cursando el Bachillerato en nuestro Instituto, y obteniendo, en todos los exámenes, las más brillantes calificaciones.

Nuestro biografiado demostró siempre gran inclinación por el foro, pasando á Valencia, donde estudió con tanta aplicación como provecho, los primeros años de la carrera de Leyes, transladándose más tarde á Madrid, donde terminó sus estudios.

Mostró su mucho valer al poco tiempo de dedicarse á esta profesión, y fué bien pronto nombrado Fiscal en Alicante, cargo que ejerció durante muchos años.

Desde este momento empieza Campos á ser conocido en su país, y poco á poco, por sus condiciones y sentimientos de integridad, de justicia y de clemencia, por su honradez y sus virtudes, y por sus envidiables prendas personales, llegó á conquistarse el aprecio y simpatías de todo el pueblo alicantino.

Celoso en el desempeño de su cargo, para él sagrado, no retrocedió jamás ante ningún obstáculo que le impidiese llegar al cumplimiento de su deber.

Cesó en tan honroso cargo, dedicándose á la política, afiliado al partido de la Unión Liberal, cuyas ideas profesó siempre; y más tarde, cuando los acontecimientos del 56 (que es cuando realmente empieza la vida política de Campos), con la caída de Espartero, y la elevación al Poder del General O'Donnell, figuró en primera línea entre los políticos pertenecientes á la Unión Liberal, y bien pronto le fueron por todos reconocidas aptitudes extraordinarias y poco comunes para la política, eligiéndole y aclamándole jefe del partido liberal, en la provincia de Alicante.

Sabido es que un pueblo puede hacerse feliz ó desgraciado, según el acierto que desplieguen sus hombres de valer y de prestigio. Bien pronto perpetrose de su dificilísima misión el Sr. Campos; y comprendiendo que una unión entre los principales políticos de la provincia sería una garantía de paz para su pueblo, que podría reportar beneficiosos resultados, formó una especie de unión política, contando con la amistad incondicional de hombres tan importantes en la provincia, como D. Luis Santonja, D. Tomás Capdepont y D. Joaquín Orduña.

Durante esta época, ocupó D. Luis Campos y Domenech el sillón presidencial en nuestra Diputación. En vano fueron todos los ruegos, todas las instancias que se le dirigieron para que aceptase un puesto en los escaños del Congreso de los Diputados.

D. Luis Campos prefería vivir en su patria, administrar sus intereses, y jamás quiso ocupar un sitio en el Parlamento, consagrando por entero su existencia al bienestar de Alicante, y satisfaciendo así los nobles impulsos de su acendrado patriotismo.

Recto, íntegro y de caracter, el período de su mando al frente de la Diputación provincial, fué de resultados prácticos y provechosos para sus administrados. Muchos viven aún que recuerdan, con regocijo, aquellos años de feliz memoria y aquella administración digna de todo encomio y encarecimiento.

Vinieron más tarde los azarosos tiempos de la República; y en aquellos días de constante agitación y de continua intranquilidad, mostrose D. Luis Campos conciliador con sus adversarios; y á su talento, su prestigio, y, sobre todo, á la amistad particular que con don Eleuterio Maisonnave le unía, se debió que Alicante disfrutase de una paz completa durante aquellos años, donde por todas partes y á todas horas no había más que algaradas, motines y conspiraciones.

Aunque D. Luis Campos y Domenech se dedicaba por completo á la política, también distraía sus ocios escribiendo artículos literarios y políticos, algunos de los cuales se conservan inéditos, y en todos ellos se pueden apreciar la corrección en el estilo, la sencillez en la forma y la belleza en el fondo, á través del cual se vislumbra una conciencia honrada y tranquila, y una razón serena y desapasionada.

Llegó más tarde la caída de la República, y los acontecimientos políticos de aquella época le llevaron á Madrid á ventilar asuntos relacionados con la provincia de Alicante, y encaminados á su ventura y prosperidad.

Volvía Campos contento y satisfecho de sus gestiones en la Corte, quizás pensando en labrar de nuevo la felicidad de su país, cuando le sobrevino cruel enfermedad (una pulmonía) que, más tarde, el 12 de Febrero de 1874, le privó de la vida.

La muerte de D. Luis Campos y Domenech fué intensamente sentida; su sepulcro fué cubierto de coronas y regado con lágrimas de amor y gratitud de todo un pueblo; su recuerdo será llorado perdurablemente, y vivirá en la conciencia de todo buen alicantino que sea amante de su patria y sepa honrar la memoria de sus esclarecidos hijos.

Don Luis Campos y Domenech mereció en vida las mayores muestras de distinción, siendo condecorado con la encomienda de Carlos III y Gran Cruz de Isabel la Católica.

Dos años más tarde, el 5 de Abril de 1876, la excelentísima Diputación provincial, en sesión ordinaria, acordó poner el retrato de nuestro biografiado en el salón donde se celebran las sesiones.

¡Felices aquellos que á su muerte dejan esparcidos por la tierra miles de beneficios, y más felices los que al pié de su fosa ostentan preciosas lágrimas de amor y gratitud de un pueblo entero, porque aquellos beneficios y estas lágrimas, son los peldaños que han de llevarle á la feliz morada de la bienandanza y de la inmortalidad!

Antonio Sereix y Samper

(N. 1800—M. 1850)

CUANDO se tienen las relevantes prendas personales que atesoraba D. Antonio Sereix y Samper, es de justicia dedicarle un recuerdo que perpetúe su memoria, y es de rigor que en este libro, donde queremos conservar las más eminentes figuras de nuestro país y las más importantes personalidades que sobre él han ejercido su valioso influjo, es de rigor, repetimos, consagrar algunas líneas á la memoria del que fué nuestro digno Diputado á Cortes, el distinguido hijo de Alicante, D. Antonio Sereix y Samper.

Nacido el día 3 de Enero de 1800, é hijo de un acaudalado comerciante de esta capital, que cifraba todos sus deseos en proporcionarle una educación completa y esmerada, recibió nuestro biografiado, desde los primeros años de su infancia, una brillantísima instrucción y un depurado gusto por las Bellas Artes, á las que más tarde, en Cádiz, rindió ferviente culto, distinguiéndose como inteligente é inspirado músico y pintor.

Nutrida su alma por sólida instrucción, y lleno su corazón de elevados sentimientos, con tendencias irresistibles á todo lo grande y sublime, Sereix, pasada la época de su infancia, no pudo permanecer indiferente á las luchas azarosas de los partidos, en aquellos días de transición para los destinos de su patria querida, y se afilió, con entusiasmo y abnegación, al antiguo partido liberal moderado, y á él perteneció constantemente, siendo en Alicante uno de sus más valiosos elementos y uno de los primeros adalides de su programa.

Mas en el mar de la política es necesario navegar, no solo guiados por el entusiasmo y abnegación, sino también llevar buena copia de osadía, para conseguir gloria y preclaro nombre. Para patriotas como Sereix, todo fe, todo sinceridad, quedan reservadas duras pruebas de adversidades; y si alguna muestra de reconocimiento logran alcanzar, ésta les causa sinsabores y disgustos, como sucedió á nuestro ilustre biografiado, que por los azares de la política viose, en temprana edad, alejado de su pueblo natal, y llevado á Cádiz, donde se promulgó la célebre Constitución de la Monarquía, origen del derecho público moderno.

Mas una circunstancia especial hizo que Sereix recordase con placer su residencia en Cádiz, y diese como bien empleados los disgustos que le llevaron á aquella población; esta circunstancia fué la amistad que le unió á la familia de un probo y digno corredor de comercio llamado Castelar, cuyo hijo, D. Emilio, andando el tiempo, cual otro Demóstenes, había de conmover con su palabra los más firmes cimientos de la Monarquía, y como Pericles, había de ejercer decisiva influencia en los destinos de su país. ¡Quién puede preveer los azares de la fortuna! El nombre de D. Antonio Sereix quedará escrito en el libro de la fama, no solo por sus condiciones personales, si que también por haber sido padrino de D. Emilio Castelar, gloria de España y asombro del Universo.

Mas nótese bien, y deber nuestro es consignarlo, que Sereix, no solo fué padrino de Castelar, si que también su preceptor, pues grabó en su corazón, con el miste-

rioso buril de la probidad, los sentimientos de magnani-
midad y grandeza, de abnegación, de patriotismo y reli-
giosidad, que habían de informar en edad adulta las
ideas y los sentimientos del gran tribuno.

Castelar se complace en recordar, y nosotros hemos
leído en inspirados artículos, debidos á su pluma, minu-
ciosas relaciones de las veladas que allá, en los albores
de su juventud, pasaba en el gabinete de estudio de
Sereix, cuando ambos residían en Alicante, en cuyas
horas de descanso alejaban de sí la ociosidad, leyendo
magníficas oraciones de Lamartine, Chateaubriand, Gui-
xot, Pitt, Lord Chattam y tantos otros eminentes oradores y sabios estadistas que florecieron durante los primeros años del ilustre tribuno. En cada período, nuestro
Sereix hacía atinadas observaciones. Su numerosa Biblioteca, en la que abundaban obras de mérito nada
vulgar, se hallaba á disposición de Castelar, quien desde
entonces, con el cariño á su padrino, vió nacer y ger-
minar en su corazón el amor á las Letras.

Pero no queremos apartanos de nuestro objeto; volvamos de nuevo á reseñar la vida de nuestro biografiado.

En el año de 1823, cuando apenas contaba veintitres
años de edad, la animosidad de los partidos había llegado á su colmo, y los partidarios del nuevo régimen
inaugurado por la Constitución del 12, viéronse perse-
guidos despiadadamente por los absolutistas, ó sea por
los partidarios de las viejas tradiciones, que formaban
entonces el partido genuinamente nacional, y Sereix,
que había abrazado las novísimas reformas con fe y
entusiasmo, emigró á Gibraltar, y allí gastó grandes
sumas de dinero en socorrer y amenguar la desgracia
de sus compañeros los emigrados, entre los que se contaban á antiguos compañeros de su infancia.

A su casa acudían todos sus infortunados paisanos, y
allí ejercía el joven Sereix la más alta de las virtudes,
la Caridad, satisfaciendo así los nobilísimos impulsos de
su bondadoso corazón.

Once años permaneció Sereix en Gibraltar; y durante

este tiempo, estudió con fruto las costumbres de aquella colonia inglesa, aprendiendo su idioma correctamente, hasta que, abiertas las puertas de la patria por Decreto de la Reina Gobernadora D.ª María Cristina, regresó á Alicante en 1834.

Dedicose entonces de nuevo á la política; y tres años más tarde, el 37, fué elegido Diputado á Cortes por el distrito de Alicante, y desde los escaños del Congreso, hizo por su país natal todo cuanto le fué posible, empleando su talento, su celo y su actividad, al servicio de su causa y al bienestar del pueblo alicantino.

Después, en los años de 1841 al 43, desempeñó la Secretaría del Ayuntamiento de Alicante, distinguiéndose en esta época de su vida por el acierto y honradez con que ejerció aquel cargo, y por la buena administración que observó durante su permanencia en dicho sitio, que ha sido más tarde recordada como modelo de buena gestión administrativa y de fecundos resultados para el Municipio de Alicante.

Vinieron luego los funestos acontecimientos del 44; y en aquellos días de constante exaltación popular, ocurrióle á D. Antonio Sereix y Samper un accidente que puso en peligro su vida.

Perteneciendo el Sr. Sereix á la política liberal moderada, no quiso entrar en una especie de tenebrosa Asociación formada por exaltados liberales, ó más bien por fanáticos políticos, prontos á cualquier violencia, que el vulgo apellidó, con exactitud gráfica, *Partida de la capa*; y al pretender Sereix alejarse de su país, durante aquellos días, y al marchar en una tartana que se encontraba desocupada en los pórticos de lo que es hoy plaza de Alfonso XII, apercibiéronse de ello algunos asociados, y bien pronto, alrededor del carruaje ocupado por el Sr. Sereix, formose un grupo de políticos exaltados que empezó por proferir las más terribles amenazas, concluyendo por pedir á gritos la cabeza de Sereix y de otro amigo que le acompañaba.

Don Antonio Sereix, fiel y consecuente en demasía con sus ideas de siempre, no quiso hacer causa común con los conjurados, y estuvo á punto de perecer entre las manos de aquellos revoltosos, á no mediar la oportuna intervención de una persona muy querida entonces en Alicante, el Sr. Vera, padre político del inolvidable D. Juan Vila y Blanco.

De este modo pudo Sereix escapar de una segura muerte, embarcándose para Cádiz, donde fué á reunirse con su familia que allí residía.

En Cádiz dedicose el Sr. Sereix á cultivar sus grandes aficiones artísticas, y recibió lecciones del célebre Mercadante, y hasta escribió varias piezas de música, de las cuales se conservan algunas.

Poseía también una bonita voz de tenor, que era la delicia de todas las reuniones y soirées que se celebraban en Cádiz; y para que nada faltase al músico, tocaba también varios instrumentos.

El Sr. Sereix, no fué solo un artista lírico, fué, al propio tiempo, uno de los pintores que gozaba de mayor fama entre los aficionados.

Es muy posible que todavía se conserve algún cuadro suyo.

Regresó, por último, á Alicante, donde falleció el 7 de Septiembre de 1850, siendo el día de su muerte una fecha tristísima y un día de verdadero luto para su país.

A su entierro acudió Alicante entero, consagrando su último recuerdo de simpatía y de cariño á la memoria del que fué, en vida, celoso guardador de su dicha y de su bienestar, del que siempre vivió por su patria y para su patria, del que cifraba toda su ambición y todos sus afanes en la prosperidad y engrandecimiento de su pueblo.

Tan pronto como el Sr. Castelar supo la muerte de su padrino, escribió á la familia de éste una sentida carta, llorando tal desgracia y prodigándoles cariñosísimas frases de consuelo.

La familia de Sereix marchó al poco tiempo á Cádiz, donde aun viven algunos de sus individuos y otros se hallan actualmente en Madrid.

He aquí, pues, trazada, á grandes rasgos, la biografía de D. Antonio Sereix y Samper, cuyo nombre debe ser recordado siempre con gratitud, dedicando una frase de cariño y simpatía á la memoria de tan distinguido hijo de Alicante.

—••••—••◄—►••—••••—

Francisco Javier Carratalá

(N. 1830—M. 1870)

Su nombre simboliza la libertad, el patriotismo y el talento.

Si los hombres que dan honor y gloria á su patria son siempre dignos de eterna recordación, merecen admiración más entusiasta y tributo más sincero cuando esas figuras tienen su cuna en el pueblo, y al calor de sus sentimientos se levantan con indiscutible autoridad, merced á las privilegiadas prendas que atesora un corazón fuerte y templado, y á las nobles aspiraciones de un alma apasionada por las hermosas ideas de progreso y de libertad.

Don Francisco Javier Carratalá y Utrilla, nació en Alicante el 3 de Diciembre de 1830. Sus padres, de modestísima posición social, le transmitieron una conciencia sin mancilla y el amor á todo lo que es grande, digno y generoso.

Siguió los estudios—escasos por cierto—que pudo cursar en su país natal; estudios que hizo con notable aprovechamiento, valiéndole señalados lauros su aplicación.

Modesta la fortuna de su familia, y siempre costosa en España una carrera literaria, hubo de dedicarse, por propia iniciativa, á la tipografía, en cuyo arte se distinguió muy en breve, llegando á regentar, siendo casi un niño, uno de los establecimientos más acreditados de la capital.

En la imprenta, pues, esa máquina destructora de todos los errores, faro de la Ciencia y alcazar de la civilización y del progreso, fué perfeccionando su espíritu, de suyo apercibido para recibir la luz de la verdad, y nutrir su inteligencia con los más variados conocimientos del saber humano.

El arte que cultivaba y su irresistible vocación al estudio, trocáronle bien pronto en periodista asaz correcto é inteligente.

Primero fundó diversos periódicos exentos de todo caracter político, en colaboración del hoy ilustre hombre público, nuestro paisano, D. Carlos Navarro y Rodrigo, dándose á conocer como literato notable y distinguido.

Mas tarde, cuando frisaba en la juventud, apareció en la pública escena como uno de los más ardientes defensores de las ideas progresistas.

La epidemia colérica que en 1854 diezmaba á Alicante, sembrando por doquier la desolación y el espanto, puso á prueba el patriotismo y la abnegación de Javier Carratalá que, al lado siempre del inmortal Quijano, animado por los mismos sentimientos de humanidad, exponiendo su vida á cada instante, socorría al desvalido enfermo, levantando sobre todo el espíritu harto abatido de la población, con artículos conmovedores que elevaban el nivel moral de los que se creían perdidos en la común desgracia.

El fué quien, desde las columnas de «La Unión Liberal», inició la idea de erigir un monumento al martir de la Caridad, Excmo. Sr. D. Trino González de Quijano, que había muerto por la salvación de sus semejantes, perpetuando, de esta manera, su recuerdo, que Alicante conserva con veneración profunda.

Por los servicios, nunca bien encarecidos, que en aquellas tristes circunstancias prestó Javier Carratalá, le fué concedida la Cruz de primera clase de la Orden Civil de Beneficencia.

Pasada esta época de luto y de pánico indescriptible, hizo renuncia del cargo de auxiliar del Gobierno civil, que á la sazón desempeñaba, con singular acierto, dedicándose de lleno á la política, que ofrecía á su talento ancho campo donde podía lucir sus envidiables facultades, además de llamarle por ese camino la vocación decidida de su espíritu.

Dedicó su actividad á reorganizar el partido progresista de Alicante, fundando, en la prensa, el órgano de su comunión política, con el título de «El Eco de Alicante», del que fué Director y propietario, alcanzando en el periodismo pronta y sólida reputación de notable escritor político y hábil polemista.

Sorprendiéronle los acontecimientos políticos de 1866, viéndose precisado á refugiarse en extranjero suelo, impelido por la fuerza de aquellas azarosas circunstancias.

Desde este momento comienza Javier Carratalá á ejercer un papel verdaderamente importante en los destinos de la política española.

En la emigración estrechó, fuertemente, los lazos de la amistad más sincera, con los principales caudillos de la revolución de Septiembre, y sobre todo, con el malogrado General Prim, que le distinguió hasta el punto de depositar en él una confianza ilimitada.

Después de todo, era natural que así sucediera. Reunía Carratalá tan excelentes prendas de carácter, que se captaba las simpatías de todos, aun de aquellos que solo le hablaban por primera vez.

Sus sentimientos nobles y generosos, la bondad de su corazón siempre dispuesto á practicar el bien por el bien mismo, y aquella consecuencia y lealtad, puestas á prueba en mil diversas ocasiones, eran prenda segura de un porvenir risueño y venturoso.

Él mantenía, constantemente, relaciones con los directores de la política revolucionaria, y contribuía, con su actividad y sumo acierto, á realizar las más peligrosas empresas. La energía de su caracter no se doblegaba nunca, por insuperables que fuesen los obstáculos que entorpecieran sus propósitos.

Tan señalados servicios valiéronle el aplauso y la estimación con que le distinguía todo el partido progresista y, muy particularmente, sus exclarecidos Jefes.

Regresó á España, en 1867, estableciendo su residencia en Madrid, encargándose de la dirección del importante diario madrileño «La Iberia», precisamente en los momentos en que las contiendas políticas llegaban á su grado álgido, y eran menester hombres que, con superior inteligencia y patriotismo, encauzaran, desde la prensa, las corrientes de aquel desbordamiento general de las pasiones políticas, que comprometían constantemente, la tranquilidad y el sosiego de la nación española.

Notabilísimos artículos publicó «La Iberia», debidos á su bien cortada pluma, distinguiéndose, entre ellos, uno titulado «La última palabra», que llamó, por modo extraordinario, la atención en los círculos políticos, influyendo, poderosamente, en la marcha de los sucesos de aquella época.

Al estallar la revolución, en 1868, formó parte de la Junta revolucionaria y del Gobierno provisional de Madrid; cargos que desempeñó con exquisito tacto, y al ardor que le prestaba una juventud entusiasta por los ideales de su causa.

Bien se ve cómo Carratalá va creándose un nombre respetado é importante dentro de su partido. Lo debe á méritos propios, aquilatados por una notable superioridad de caracter, que tanto vale y tanto se echa de ménos en muchos de nuestros primeros hombres políticos.

Su actividad desplegábase, enérgicamente, en todos los asuntos concernientes á su cargo, demostrando cuánto puede realizar una inteligencia clara y despierta, acompañada de una voluntad firme y tenaz en todas sus resoluciones.

Carratalá fué uno de los hombres que más contribuyeron al triunfo de la revolución.

Amigos suyos los que en aquel entonces dirigían los destinos de España, pudo crearse, con solo quererlo, brillantísima posición; pero lejos su modestia del medro personal y de ambiciosos sentimientos, solo aceptó una plaza de Oficial en el Ministerio de la Gobernación, desempeñando los cargos de más trabajo y de más confianza al lado de su íntimo amigo el Ministro D. Práxedes Mateo Sagasta, en la actualidad Presidente del Consejo de Ministros.

Su pueblo natal quiso darle una prueba del alto aprecio que le merecía, eligiéndole Diputado, en las Cortes Constituyentes; preciada recompensa que aceptó Carratalá como la mas honrosa muestra de cariño que sus paisanos pudieran ofrecerle. Considerose completamente satisfecho, porque aquel cargo le facilitaba contribuír, casi de una manera directa, en favor de la prosperidad y grandeza de su país.

En las Cortes distinguiose muy pronto el joven Diputado, en las diversas comisiones de que formó parte, principalmente en la de actas, en la de gobierno interior y en el cargo de Secretario, demostrando tal actividad y acierto, que se conquistó las simpatías de todas las fracciones de la Cámara.

Pronunció elocuentes discursos que le valieron el aplauso y la consideración general de sus compañeros de diputación.

Júzguese de la importancia política de Javier Carratalá, con solo saber que formó parte de la Comisión que marchó á Italia á comunicar al Príncipe D. Amadeo su exaltación al Trono de España.

El nuevo Monarca le dispensó, desde el primer instante, marcado apoyo y señalada benevolencia.

Los Gobiernos extranjeros otorgaron á Javier Carratalá honrosas distinciones; entre ellas, la de Gran Oficial de San Mauricio y San Lázaro, de Italia; la Gran Cruz de Cristo, de Portugal; la de Midjidié, de Turquía, y tantas otras, que sería largo enumerar.

En la plenitud de su vida, cuando el mundo ofrecía ante sus ojos halagüeño y brillante porvenir, la muerte ¡triste destino! cortó el hilo de aquella noble existencia.

Falleció Javier Carratalá, el día 20 de Enero de 1870.

Solo la muerte hizo desaparecer para siempre las esperanzas que el país había depositado en él.

Porque Javier Carratalá, á no dudarlo, hubiera sido Ministro de la Nación, repetidas veces, llegando á ocupar, como por derecho le pertenecía, uno de los primeros puestos en la política española. Leída su biografía, bosquejada rápidamente, salta á la vista la verdad de nuestro aserto.

Corta y despiadada enfermedad nos arrebató aquella vida exhuberante, de la cual tanto podían prometerse, en primer término, su país natal, que rinde fervoroso culto á su memoria; la familia y los amigos que lloran la prematura pérdida de aquel ser todo corazón y sentimiento.

¡Javier Carratalá honró la patria en que naciera, y duerme á la sombra de bien ganados laureles!

Tomás Capdepón Martínez

(N. 1820—M. 1877)

CUANDO en el mundo nos encontramos frente á un caracter íntegro, una conciencia honrada y un corazón todo bondad y abnegación, descubrimos la cabeza y saludamos, con respeto, exclamando: «ese es nuestro hombre; ese el modelo de lealtad inquebrantable, de patriotismo nunca desmentido, de honradez á toda prueba, de virtudes cívicas dignas de loa.»

De tal suerte debemos comenzar este ligero estudio biográfico, ya que el nombre de D. Tomás Capdepón y Martínez sintetiza todas esas cualidades que merecen siempre honra y prez y que reclaman un desinteresado elogio que sirva de provechosa enseñanza y de alto ejemplo á las venideras generaciones.

Pundonoroso militar, periodista inteligente, hacendista ilustre y político de consecuencia inquebrantable, el Sr. Capdepón Martínez bajó á la tumba, el 4 de Febrero de 1877, sin dejar, tras su paso por el mundo, ni enemistades ni odios, y solo con frases de simpatía y acentos de cariño debe ser hoy saludada su memoria.

En la villa de Almoradí, abrió los ojos á la luz primera, el 3 de Abril de 1820, recibiendo educación muy esmerada y nutriendo su alma con las enseñanzas más
puras y los sentimientos más nobles: que de los autores
de sus días—estimadísimos entre la clase más acomo-
dada de Almoradí, y señores de altas prendas—no
podía recibir nuestro biografiado más que sanos frutos
de inteligencia y de virtud.

Más que por vocación, por entusiasmo patriótico, el
año 1839, ó sea á los diecinueve de edad, ingresó el
joven Capdepón en las filas del Ejército, siendo nombrado, algunos años más tarde, oficial de Secretaría en
la Dirección general de Infantería, donde prestó relevantes servicios, distinguiéndose, muy principalmente,
con la publicación de algunas obras técnicas de suma
importancia, que le valieron la Cruz de Carlos III y el
grado de Capitán.

Desde esta fecha, nuestro biografiado se nos presenta
bajo otro aspecto que le caracteriza y distingue: dejó
dormir la espada, para esgrimir únicamente la pluma,
como acerada arma de combate; y en 1855, le vemos ya
co-propietario y redactor del periódico político «El Co-
rreo», primer defensor de la unión liberal, y entusiasta
adalid de las ideas de civilización y progreso.

Tan activo periodista como pundonoroso militar, llevó
al estadío de la prensa sus aptitudes y merecimientos,
y logró un nombre muy distinguido entre los escritores
políticos, que en aquel entonces supieron abrirse paso;
pero por eso mismo, y en evitación del rigor con que
podía ser cohibido á faltar á sus deberes como periodista, si había de cumplir los de la milicia, cuyo ordenan-
cismo se avenía mal con un caracter valiente y batalla-
dor, en 1856, después de los sucesos de Julio, abandonó
el Ejército, colgando para siempre la espada, y pidién-
dole á la bien cortada péñola títulos y honores, que no
le escatimó, y que supo conseguir en muy corto espacio
de tiempo.

En 1875, fundaba Capdepón, unido al ilustre estadista Sr. Romero Ortiz, el diario «La Península», y en

1858 se sentaba en el Parlamento español, representando el distrito de Orihuela, venciendo al mismo candidato ministerial en abierta lid, testimoniando dé ese modo las generales simpatías de que gozaba, y cuán grandes eran sus merecimientos para lograr la honrosa investidura de Diputado á Cortes.

No fué ingrato Capdepón al cariño con que le había distinguido la ciudad de Orihuela; que en 1859, cuando el cólera diezmaba su población y el estrago de la peste azotaba los muros de la ciudad orcelitana, el novel Diputado supo acudir, con generoso denuedo, á la capital de su distrito, y allí luchó como bueno y allí mostró los ardimientos de su alma noble y agradecida. La Cruz de Beneficencia, fué el premio obtenido por el ilustre periodista, consignándose, en el oportuno expediente, el más entusiasta tributo de respeto y admiración. Que no era acreedor á otra cosa, quien, como Capdepón, había ofrecido su porvenir, sus intereses y su propia vida, á los infelices orcelitanos.

Nacido para batallar sin descanso, y consecuente siempre con sus principios políticos, Capdepón fué uno de los Diputados que, en 28 de Diciembre de 1866, firmaron la célebre exposición á la Reina Doña Isabel; y tuvo, por tanto, que huír de España, buscando en la emigración refugio seguro para su amenazada cabeza.

La memorable jornada del puente de Alcolea, le hizo regresar al seno de la madre patria; y después de la gloriosa revolución septembrina, llegó Capdepón al apogeo de su carrera política, pues reelegido Diputado á Cortes en varias legislaturas, fué nombrado Subsecretario del Ministerio de Hacienda, y, más tarde, Director general de Propiedades y Derechos del Estado.

A los cincuenta y siete años, en la plenitud aún de su vida y de sus entusiasmos, la muerte le sorprendió, cuando Capdepón seguía prometiéndose mayores empresas y altos puestos en la administración del país.... ¡Duerma en paz este alicantino ilustre!

Ora militar, ora periodista, ora Diputado de la Nación, ora hacendista, ora hombre político, supo Capdepón legar, en todos sus actos, el recuerdo de una conciencia escrupulosa, de una honradez á toda prueba, de un patriotismo nunca desmentido, de una lealtad inquebrantable y de un caracter todo bondad.... Por eso hemos de terminar estos apuntes biográficos, tal y como los empezamos: descubriendo la cabeza y saludando, con respeto, el nombre de D. Tomás Capdepón Martínez.

Juan Vila y Blanco

(N. 1813—M. 1886)

"De pié, la frente descubierta, pulso
Con torpe mano de mi tosca lira,
Por tribular honor, las rudas cuerdas....
No esperéis, pues, ni ritmo, ni armonía.„

AL empiezo dió Vila y Blanco á una de sus últimas
composiciones poéticas, premiada, en liza literaria,
con simbólica azucena de plata, y dedicada *A la
mujer*; y de ese modo hemos de comenzar estas· notas biográficas que ofrecemos á la memoria del inolvidable vate alicantino, en quien siempre hallamos un
amigo cariñosísimo, un docto Maestro en la ciencia del
bien decir, un corazón todo bondad y todo ternura.

Merecida, y muy merecida, tiene esa salutación respetuosa el *Milton alicantino*, el vate ciego que, hasta
ha pocos años, congregaba, en su cariñosa mansión, á
cuantos en Alicante oficiaban en el altar purísimo de
las musas, rindiendo culto á la gaya ciencia.

Parece que fué ayer, y, no obstante, han transcurrido
catorce años, desde la celebración de aquellas inolvida-

bles *Veladas literarias*, presididas por Vila y Blanco, y á las que acudían, dándoles realce con los frutos de su ingenio, los más preclaros literatos alicantinos, cuyo recuerdo es imborrable, siquiera no hayan logrado la vida de la inmortalidad, por la misma modestia de que siempre se rodearon.

Allí el malogrado Federico García Caballero, allí el fecundo Nicasio Camilo Jover, allí el bondadoso D. Joaquín García, allí Harmsen, Corradi, Calvo, Llorente, Campos, Sánchez Palacios, Vinardell, Gili, Milego; allí todos los que en Alicante buscaban los goces más puros del alma, apartados de las disensiones y rivalidades políticas, y amenizando las largas horas de la eterna noche del vate ciego, cuya venerable figura era lazo de unión para cuantos estrechaban su cariñosa mano.

Vila y Blanco, en esas veladas nos daba á conocer algunos de sus detalles biográficos, relatados con la sencillez y modestia de quien no quiere apreciar la valía de las dotes que le adornaban.

«Nací junto á la playa alicantina—solía decir—en año de número nefasto, el año *trece*.... Así se han complacido las desgracias en atormentarme.»

¡Pobre Vila! Sus últimos años fueron un verdadero calvario, que subió con santa resignación, soportando la cruz de su ceguera, y sin que fuese bastante la noche eterna que le envolvía, á hacerle olvidar sus aficiones y esparcimientos literarios. El poeta murió cantando, y nunca arrojó su bien cuidada lira al olvidado rincón en donde suelen sepultarse los recuerdos de los tiempos dichosos, cuando la fatalidad nos persigue.

«Carezco de títulos académicos—decía en más de una ocasión—pero no pasé en la holgura mis juveniles años; que tres cursos de latinidad en Alicante, y otros tantos de Filosofía en el Seminario Conciliar de Orihuela, y algunos de Facultad Mayor en la Universidad de Valencia, pudieron haberme hecho poseedor de la Licenciatura en Derecho á que aspiraba; pero las impuras realidades de la vida imponen sus exigencias y me apartaron de donde mi vocación me llevaba, é hicieron que me dedicara, por completo, á las faenas burocráticas... ¡Un empleado más!.... me dige, y pedí, y obtuve, en la administración pública, el pedazo de pan que mi pobre péñola no podía proporcionarme.»

Quizás Vila y Blanco abandonó la accidentada vida del escritor y periodista, y entró de lleno en la más reposada del empleado público, cuando se decidió, en 1842, á contraer matrimonio, y hubo de renunciar á vivir como pájaro errante que canta y gorgea donde le sorprende la aurora, sin preocuparse del mañana.

En las tareas burocráticas, Vila, si no consiguió gran provecho, mereció la más general estimación, y logró preclaro nombre de funcionario probo, activo é inteligente.

Lo mismo siendo Oficial primero de la Admiuistración de Correos de Albacete (1845), que Interventor de la de Castellón de la Plana (1848), que Oficial primero de la principal de Alicante (1850), dió tan relevantes pruebas de actividad y pericia, que mereció las notas más favorables en su hoja de servicios, nunca empañada con la corrección más leve ni el más ligero apercibimiento.

En 1854, fué nombrado Consejero provincial de Albacete; pero no aceptó el cargo, por no abaudonar su querida población alicantina, á la que dedicara todos sus afanes; y en el mismo año le dieron el nombramiento de Oficial segundo (en comisión) del Consejo provincial de Alicante, y aunque, al poco tiempo, por haberse suprimido los Consejos de provincia, cesó en el desempeño de su cometido, continuó Vila y Blanco, á ruegos del entonces Gobernador civil, D. Trino González de Quijano, teniendo á su cargo el ramo de Sanidad en el Gobierno de la provincia, negociado el más importante en aquella luctuosa fecha, en que el cólera morbo asiático diezmó la población alicantina, escribiendo las páginas más tristes en la historia de esta ciudad.

Vila y Blanco compartió todos los horrores de la jornada con aquel martir de la Caridad, con el inolvidable Quijano, que ofreció en holocausto su vida, por salvar la de todo un pueblo que agonizaba, y recuerdos de gratitud guardará el corazón de los hijos de Alicante, para el modesto funcionario que, sin salir de la obscuridad en que vivía, supo rivalizar con su jefe en abnegación, en heroísmo, en sentimientos humanitarios y generosos.... ¿Qué más? Sin personal alguno la Administración de Correos de Alicante en aquella época calamitosa, Vila se prestó á su desempeño, robando horas al descanso y dando muestras de actividad incansable y de voluntad de hierro; y no obstante sus relevantes servicios, cuando en Noviembre del mismo 1854 había desaparecido la epidemia de casi toda la provincia, regresando á sus puestos los empleados pusilánimes, quedó fuera de plantilla nuestro biografiado, siendo recompensados sus desvelos y sacrificios con la ingratitud más negra y el desengaño más horrible. Que de tal suerte suele pagar el Estado á sus más fieles y laboriosos servidores.

Pero á Vila y Blanco le quedó la satisfacción que siente el alma honrada con la práctica del bien, y esa fué la más preciada recompensa, acrecentada con la estimación y respeto de todos sus conciudadanos.

En 1856 fué nombrado Oficial segundo del Gobierno de Alicante, y en 1858 lo mandaron con igual destino á Cádiz; pero tampoco quiso abandonar su ciudad nativa, y prefirió una larga cesantía, á tener que dejar la tierra patria, en la que consiguió, en 1863, el cargo de Oficial primero del Consejo de la provincia, que sirvió con la pericia y actividad nunca bastante encomiada por sus jefes, que le confiaban los asuntos más difíciles, bien seguros de un feliz desempeño por parte de tan celoso funcionario.

En 1867, se le rogó que admitiera el nombramiento de Administrador de la Beneficencia provincial, y durante cuatro meses sirvió gratuitamente ese destino, hasta que fué nombrado Cronista de la provincia, en cuyo cargo le sorprendió la revolución septembrina de 1868 que trajo la cesantía de Vila y Blanco, y con ella la época más aciaga y triste de su vida, toda vez que en esos años, como si no fuera bastante tener que buscar un pedazo de pan luchando con el infortunio y á fuerza de trabajo ímprobo, Vila perdió el don más inapreciable, se vió envuelto entre las sombras de una eterna noche, y en 1874, el periodista ilustre, el funcionario activo é inteligente, el escritor doctísimo, no era más que un viejo poeta ciego, sin otro patrimonio que su cansada lira y sin otra protección que' la del cielo, que nunca abandona al hombre honrado.

Y gracias á que, pasado el período revolucionario,- Vila logró verse repuesto, en 1875, en su cargo de Cronista, pudiendo así, con el modesto sueldo que la Diputación provincial le señalara, atender á las necesidades más imperiosas de su vida; que de otra suerte, ¡cuál hubiera sido la situación del infeliz poeta ciego y de su amantísima familia, que tan solícitos cuidados tenía que prodigarle!...

Así le sorprendió la muerte en 23 de Enero de 1886, bajando á la tumba sin dejar, tras su paso, ni odios ni rencores, y llevando sobre su féretro la corona del poeta, y las alabanzas y cariño de cuantos con su amistad se envanecieron.

Vila y Blanco, que como periodista y literato consiguió un nombre muy estimado en la República de las letras, obtuvo tantos títulos y honores y laureles, en públicos certámenes, en doctas Corporaciones y en centros de cultura y recreo, que ellos por sí solos bastarían á crearles una reputación, si las obras dadas á la estampa no hubieran sido suficientes á hacer perdurable la memoria del ilustre Cronista alicantino.

Secretario del Liceo artístico y literario de Alicante, desde 1842; socio corresponsal del de Málaga; individuo de la sección permanente de la corrección de estilo de la Sociedad Económica de Castellón; socio correspondiente de la Real Academia de la Historia, desde 1868; Académico corresponsal de la Real de Bellas Artes de San Fernando; socio honorario de varias Económicas de Amigos del País; Académico de mérito de la Bibliográfica Mariana de Lérida; premiado en los certámenes de Alcoy, de la Coruña, Lérida y Lorca; Vila y Blanco pudo decir con el poeta en sus últimos momentos: «Ocupé predilecto sitio en el banquete de la vida, y me alejo de él, haciendo notar mi ausencia....» ¿Qué mejor satisfacción para los que ansían nombre y fama?

Del mismo modo, las obras dadas á la estampa por Vila y Blanco, llevan también á su tumba un brote de laurel y un recuerdo imperecedero.

En su primer volumen de poesías, publicado en 1842, aparece ya la nota característica del que más tarde había de distinguirse con el glorioso sobrenombre de el *Milton alicantino*.

Pureza de sentimientos, sencillez, dicción correcta, galanura, pulcritud... he ahí los versos de Vila. No pidáis arrebatos de inspiración, vehemencia en la frase, elevación de conceptos, vuelo de águila, acentos de entusiasmo: nada de eso hallaréis en las composiciones del poeta ciego. En sus centenares de poesías, inéditas algunas, publicadas muchas en casi todos los periódicos de Madrid y de provincias, aparece Vila cantando, con dulce estilo y suavidad de frase, los afectos más tiernos del corazón, las aspiraciones más puras del alma.

Es el poeta religioso, que se extasía soñando en las delicias de la morada celestial, y que no tiene en su lira más que notas de gratitud, de alabanzas, de bendiciones.

Tanto en sus obras en prosa como en las rimadas, Vila y Blanco es siempre el mismo, con aquella modestia que le hizo escribir al frente de su libro de *Cantares y otras rimas que lo parecen:*

> «Por el aire hojas de flores
> Yo muchas veces he visto:
> Si no sois de flores hojas,
> ¿Por dónde iréis, versos míos?»

Baste la sola enumeración de los volúmenes publicados por Vila, para apreciar—con solo conocer los títulos de las obras—el género á que preferentemente se dedicaba y la cualidad que le distinguía.

Publicó sus *Afectos de madre*, y vió agotadas brevemente las dos ediciones que hizo; sus *Recuerdos de
Belén, Ofrendas á María, Estrellas* y *Librito de moral
para los niños*, fueron otros tantos delicados pensamientos que el público recogió con avidez.

El poema *Anacaona*, dedicado al Casino de Alicante,
le valió el título de socio de mérito; y los *Ultimos días
de Quijano, El sepulcro de Quijano* y la crónica *Isabel II en Alicante*, fueron testimonios de gratitud y
admiración de un alma noble y bien nacida.

Las flores de nuestro valle, Aroma y flor al cielo (dos
ediciones), *A la Virgen María* (obsequios de los niños
en el mes de Mayo), *Noche Buena* (tres ediciones). *La
Ermita de la Pedrera*, y últimamente los *Ejercicios
poéticos*, son notas de una lira bien cuidada, que solo
tuvo una aspiración: entonar alabanzas al bien y á la
virtud, y cantar las grandezas de la Religión y las
delicias del cielo, á que el católico dirige sus pasos,
como supremo anhelo del espíritu.

Vila murió como vivió: cantando. Llevó á todos los
periódicos de Alicante sus últimas notas, y no hubo
suceso fausto ni regocijo en su ciudad nativa, que no
mereciera un sentido acento del vate ciego, que, desde
su humilde morada, sabía asociarse á la general alegría.

Para la prensa periódica, tenía las más honrosas distinciones... ¿Cómo no, si él había sido uno de sus cari-
ñosos hijos? Él había sido redactor de «El Heraldo»,
«El Pensamiento» y otras publicaciones de Madrid y
provincias; él había fundado en Alicante, en distintas
épocas, «El Teatro», «La Flor», «La Tarde», «El Do
mingo» y otras revistas literarias; él había escrito en
«El Comercio», «El Alicantino» y en todos los demás
periódicos de su país natal; ¿cómo, pues, no había de
tener para los periodistas, hasta sus últimos momentos,
las frases más cariñosas y toda suerte de alabanzas?...

Vila, aun ya agobiado por la edad y por los sufrimientos, no supo permanecer ocioso ni quiso que la
bien cortada péñola descansara hasta que se extin-
guiese su vida. Así, los últimos nueve meses los dedicó,

por completo, á una importante obra, que dejó sin concluír, titulada *Efemérides marítimas españolas*. En ella quiso verter el desgraciado escritor, todo el fruto de labor incansable y de eruditas investigaciones, y no pudo ver coronados sus esfuerzos. La muerte le sorprendió, cuando aun en su alma sentía ardores juveniles para mayores empresas.

¡Duerma en paz el *Milton alicantino*!

A su memoria imperecedera dedicamos estas mal trazadas notas biográficas, y sobre la marmórea piedra de su tumba, grabemos esta sola inscripción: *Omnia vincit labor*.

Que Vila y Blanco consiguió posición, nombre y fama, con trabajo ímprobo y actividad incansable.

¡Honor á su memoria!

José Pastor de la Roca

(N. 1829—M. 1875)

ZARES de la fortuna, caprichos de la suerte, casi siempre injusta, relegaron al notable escritor, don José Pastor de la Roca, á una modesta capital de provincia, donde la voz del talento se extingue, y los más laudables esfuerzos de la inteligencia se encierran entre las cuatro paredes de la ciudad, sin que, desgraciadamente, lleguen á repercutir en el resto de la Nación.

Llenemos nosotros el vacío que ha dejado la fortuna, sacando, quizás del olvido, el nombre de Pastor de la Roca, para colocarlo en el pedestal de la publicidad, donde con ménos méritos vemos brillar otras pretendidas personalidades que, tal vez, deban su prestigio á las riquezas, á la casualidad ó á la audacia; á algo, en fin, que no es el propio valer, ni constituye el verdadero mérito.

Coloquemos, pues, en ese pedestal, el nombre de Pastor de la Roca; y aunque no consigamos más que el darlo á conocer á sus comprovincianos, harta recompensa será para nosotros, y satisfechos podremos darnos con este resultado.

En uno de los pueblos de la provincia, en Dolores, nació el día 27 de Junio de 1829 nuestro biografiado, y allí recibió la primera educación infantil, pasando luego al Seminario de Orihuela, donde hizo los estudios del Bachillerato, con notable aprovechamiento.

A pesar de la educación, casi monástica, que Pastor de la Roca recibiera, abrazó, con la efusión propia de un convencimiento arraigado y con el ardor de juveniles entusiasmos, las ideas hermosas de libertad y democracia; ideas que difundió en todos sus libros, que defendió siempre con calor en todos sus escritos, y que adoró con la veneración de un alma creyente y de una conciencia honrada, sin que jamás tuviera que arrepentirse de esta su religión, ni renegase de este su fervoroso culto.

Pasaremos rápidamente sobre la historia política de Pastor de la Roca, para ocuparnos, con mayor detención, de las muchas obras que ha dejado escritas, productos de su inteligencia privilegiada, resultados de sus constantes estudios y, sobre todo, de su amor á la literatura, ese bello arte que fortalece y anima los juveniles espíritus, al par que rejuvenece y presta nueva savia á las inteligencias ya rendidas de las fatigosas y cansadas luchas del pensamiento.

Afiliado desde sus primeros tiempos al partido liberal, llegó á Alicante por el año 1854, y fué colaborador de uno de los periódicos más democráticos entonces, «El Eco de Manzanares», donde se dió á conocer como político, escritor y poeta.

En el periodismo, ese maestro continuo del pueblo, hizo sus primeros ensayos Pastor de la Roca, y con ellos se despertaron y adquirieron mayor fuerza y vigor sus nacientes aficiones literarias.

Desempeñó varios cargos y destinos, entre ellos el de Cronista historiador de la provincia de Alicante, Procurador del Juzgado, y, por último, el año 71, desempeñó, asimismo, con el beneplácito de todos, el cargo de Presidente de la Diputación provincial de Alicante, ejerciendo, por aquella época, grande influencia en los destinos de nuestra provincia.

Soldado militante en el partido progresista, publicó varios artículos en la preusa alicantina y madrileña, defendiendo la candidatura del General Espartero, para Rey de España.

Más tarde, se afilió á la política democrática que representaba y dirigía el ilustre hombre público, D. Nicolás M.ª Rivero.

Tal es, trazada al correr de la pluma y someramente expuesta, la historia política de D. José Pastor de la Roca, siempre noble, digna y decorosa.

Pasemos ahora á ocuparnos de las obras que ha dejado escritas.

Muchos, y muy notables, son los libros publicados por D. José Pastor de la Roca; entre ellos, descuella la narración espiritual fantástica, titulada: *Adoración ó los sufrimientos en la otra vida.*

El mismo título de la obra, marca su mérito. Nuestro biografiado, profundizando en las verdades de la ciencia metafísica, hizo un libro de gran importancia, para quien comprenda y se halle dedicado á tan escabrosos estudios, revelando, además, un trabajo de imaginación, tan dificil como profundo.

Buena prueba de nuestro aserto, la tenemos eu el hecho de haberse agotado, al poco tiempo de publicada, la primera edición.

Otra de las obras que alcanzó gran renombre, fué *La corona de fuego, crónica española del siglo XI*, libro notable en su clase, y cuya edición fué secuestrada, quizás por las acres verdades que encerraba, contrarias á las conveniencias de alguna secta.

Citaremos también, como una de las mejores producciones de Pastor de la Roca, la novela titula *La llave de oro ó los orientales*, que contenía alusiones históricas referentes á los Papas.

El espíritu que animaba esta novela era antipapista, resaltando en ella muy atrevidos pensamientos.

Para no fatigar más la atención de los lectores, daremos á conocer los títulos de las demás obras publicadas por Pastor de la Roca.

La serpiente del Nilo, segunda edición, considerablemente aumentada, de la que bajo el título de *La agonía de Cleopatra,* insertó con tanto éxito, en 1863, el «Museo Universal» de los señores Gaspar y Roig.

El suspiro de un angel.

El Rey de la Creación.—Origen, misión y postrimerías del hombre; su inmortalidad, y grandeza de sus destinos. (Discurso filosófico, antropológico y metafísico, sobre la creación y las criaturas.)

Traducciones del francés, por el mismo autor.

Lumen. Narraciones del infinito. Por Camilo Flammarión.—Un tomo en octavo.

La luna. Por Amadeo Guillemín.—Un tomo en octavo, ilustrado con grabados.

El sol. Por el mismo autor.—Un tomo en octavo, ilustrado también con grabados.

Otras obras originales:

La República roja.—Un tomo en octavo.

La cruz y la calavera ó los subterráneos de la Inquisición.—Un tomo en octavo, con grabados.

La cruz y la media luna ó el ciprés de la Sultana.—Tradición oriental española, reproducida en el folletín del periódico que en aquella época se publicaba con el título de «El Segura».—Un tomo en octavo.

Historia general de Alicante desde los tiempos más remotos hasta 1855.—Un tomo en cuarto.

La Abadía de San Juan Degollado, en el Desierto.—Un tomo en octavo.

Crónica del viaje de D. Amadeo de Saboya, por la provincia de Alicante.

No hablaremos de los innumerables artículos y poesías que escribió Pastor de la Roca, por ser tarea bastante difícil, dada su fecunda é incansable imaginación.

Para concluír, prescindiremos de todo elogio, de todas esas acostumbradas frases artificiosas de elogio, y diremos tan solo que Pastor de la Roca es digno de gratísima memoria, porque puso su vida y su inteligencia al servicio de la libertad y de la instrucción de su pueblo, causas nobles y santas que elevan y engrandecen al que las sirve.

Pedro Juan Perpiñán

(N. 1530 — M. 1566)

PARECE que allá en los secretos arcanos de la Providencia, se halle dispuesto que la prosperidad de los Estados se prepare por el número y excelencia de los hombres de saber. El siglo XVI fué para la nacionalidad española la época de su mayor grandeza; lo fué también de su mayor explendor para la Ciencia y las Letras, y lo fué mayor aún, por el ingenio y la generosidad de sus hijos, que nunca, como entonces, se mostraron á la faz del mundo engalanados con el brillante cortejo de las virtudes que constituyeron luego el verdadero caracter español.

Entre aquella pléyade de ilustres varones que ennoblecieron el pueblo español, por sus virtudes y su saber, figura, en lugar distinguido, D. Pedro Juan Perpiñán, natural de Elche, que vió la luz primera en 1530. Llamado por misterioso estímulo al estado eclesiástico, se instruyó, profundamente, en las Letras griegas y latinas, y completada su educación literaria, á los veinticinco años de edad, ingresó en la Compañía de Jesús.

Bien pronto se hizo apreciar por sus virtudes; así, cuatro años después, fué enviado á Portugal, para Profesor de elocuencia, siendo el primer jesuíta que dió lecciones públicas de retórica en Coimbra. Al tomar posesión de su Cátedra, el 1.° de Octubre de 1555, pronunció un notable discurso en el Colegio Real de Artes *De Societatis Jesu Gymnasiis*, que fué sumamente aplaudido.

Alterándose la salud de Perpiñán, por sus asiduas tareas, mandáronle sus superiores á Roma, á fin de que se restableciese y completase sus estudios. Su amor á las Letras le llevaba á trabajar sin descanso, consiguiendo notoriedad por su talento é ilustración, en aquella inmortal ciudad; pero tuvo que suspender sus tareas literarias, obligado por su mal estado de salud, hasta el 6 de Noviembre de 1564, en que terminó su convalecencia de una penosa enfermedad, que le puso á las puertas de la muerte.

La naciente familia religiosa, fundada por San Ignacio de Loyola, antiguo Capitán de los valientes tercios españoles, extendía lentamente su benéfica influencia por el Mediodía de Europa, fundando, en los grandes centros de población, Institutos de enseñanza, á cuyo frente ponía á sus predilectos congregados. Nuestro Perpiñáu tenía asignado lucido asiento en el claustro de Catedráticos del Colegio de la Trinidad, fundado en el año de 1565, y cuya apertura tuvo lugar el día 3 de Octubre de aquel año. Cúpole á nuestro ilustre jesuíta componer y leer el discurso de apertura, notable trabajo literario que tituló *De retinenda veteri religione ad lugdunenses*, discurso que se insertó en la colección de sus obras, y fué en extremo aplaudido por el Gobernador de Lyón, Mandelot, el Arzobispo Antonio d'Abón, el Consulado y demás eminencias literarias de aquella ciudad.

El discurso de Perpiñán, no solo fué oración académica del momento, si que también un concienzudo trabajo de moral, que produjo fecundos resultados, por haber sido pronunciado en circunstancias anormales para la ciudad, agitada entonces hondamente por recientes controversias teológicas, á las que puso término el folleto de Perpiñán.

Mas si el talento de este ilicitano ilustre pudo vencer borrascas nacidas por las pasiones políticas, en cambio, su salud debil y apocada no podía resistir el riguroso clima de la Borgoña, que le reducía á continuas reclusiones, las que le hacían suspirar por los climas benignos de España é Italia.

También en París explicó Teología; pero llamado nuevamente á Lyón, donde se había captado universales simpatías, se entregó en esta ciudad, con una perseverancia digna del mayor elogio, á los estudios. Los ímprobos trabajos á que se dedicó sin descanso, debilitaron sobremanera su quebrantada salud, hasta que, víctima de su afición a las Letras, murió en Lyón el 28 de Octubre de 1566, á la temprana edad de treinta y seis años.

Todos los literatos de su época hicieron grandes elogios de su talento privilegiado, llegando á decir Muret, que su siglo no había producido otro orador de mayor elocuencia, ni de más persuasiva palabra que Perpiñán. El famoso Thou, en el libro XXXVIII, página 364, de su Historia, dice: «Perpiñán se hizo admirar por las dos grandes lumbreras de su tiempo, Marco Antonio Muret y Pablo Manucio. Mandado á París, para reputación de la Compañía de Jesús, hizo discursos elegantes; murió al fin de 1566, en el Colegio de Clermont, y fué enterrado en San Benito»; siendo muy extraño que en estos tiempos de turbulencias en Francia, tuviese más oyentes un jesuíta español en París, que había tenido en Roma.

Las obras que nos han quedado de este sabio, son las siguientes:

Orationes quinque; Roma, 1565.

De humana divinaque philosophia dicenda, ad pasisienses oratio; París, 1566, en octavo.

Orationes sex, en la colección titulada: *Trium hujus sæculi oratorum præstantissimorum.*

Orationes duodeviginti; Roma, 1587, en octavo; París, 1588, y Lyón, 1594.

Historia de vita et moribus beatæ Elisabeth, Lusitaniæ reginæ; Colonia, 1609, en octavo.

Petri Joannis Perpiniani Soc. Jesu, aliquot epistolæ; París, 1683, en octavo.

Esta colección fué empezada por el P. Vavasseur, y terminada por el P. Lucas, con un elogio de Perpiñán. El año 1749 se publicaron, en octavo, y en tres volúmenes, en Roma, estas cartas por el P. Lazeri, y se las dedicó á la Reina de España, el P. Acebedo, jesuíta portugués.

La mayor parte de los autores, convienen que hay pocos latinistas del siglo XVI que puedan disputar la pureza y sencillez con que escribió en esta lengua Perpiñán.

Hemos llegado á los días en que la crítica desapasionada tiende á reivindicar, para bien de las Letras, el lustre de los que fueron menospreciados por las pasiones de partido, ú olvidados por la incuria y apatía de los diligentes; por ello, justo es que levantemos sobre alto pedestal, la reputación de Perpiñán, y le presentemos á la veneración de las gentes, como uno de los preclaros hijos de la insigne ciudad de Elche.

Joaquín María López

(N. 1798—M. 1855)

EL aura popular acompañó siempre al insigne tribuno, objeto de las presentes líneas. Trabajó, con
lealtad, para el pueblo y por el pueblo, y no era de
extrañar que alcanzara las generales simpatías del
país, que veía en la persona de D. Joaquín María López
el más ardiente defensor de las libertades públicas, el
adalid más esforzado de los puros ideales democráticos.

La influencia de su palabra dejó profunda huella á su
paso por la escena pública, contribuyendo como factor
principal á la marcha y desarrollo de los acontecimientos políticos de su época.

Don Joaquín María López, nació en Villena—importante pueblo de la provincia—el día 15 de Agosto de
1798. Su padre, distinguido Abogado que había ejercido
la profesión eu la capital de España, y su madre, vir-
tuosa señora, supieron preparar aquella gigante inteligencia dispuesta á recibir la luz de la verdad, las pri-
micias del genio y del talento.

Los años de la infancia los pasó en Villena, empezando después los estudios de Filosofía, en el Colegio de San Fulgencio, de Murcia, bajo la dirección del sabio Profesor D. Francisco Sánchez de Borja, quien bien pronto echó de ver las excepcionales facultades del alumno á quien atendía, en su instrucción, con especial solicitud y esmero.

Más tarde, comenzó los estudios de Facultad en la Universidad de Orihuela, abrazando, con verdadero entusiasmo, la carrera de Abogado. El joven escolar disdinguiose, muy en breve, entre todos sus compañeros, llegando hasta el extremo de regentar algunas Cátedras, título, por sí solo, acreedor á las más justificadas alabanzas.

Terminada, pues, tan brillantemente su carrera, el nuevo Abogado necesitaba ancho campo donde pudiera extender sus conocimientos, sitio más adecuado para las incesantes luchas de la inteligencia; y por eso se transladó á Madrid, donde iba recomendado al célebre jurisconsulto D. Manuel Cambronero, trabajando á su lado con notable aprovechamiento, obteniendo las más señaladas muestras de estimación y aprecio, por parte de su protector y Maestro, quien llegó á comfiarle delicados asuntos que López resolvió con gran lucidez y acierto.

Ya iniciado en las prácticas de la Jurisprudencia, volviose á su país natal, donde, á la sazón, ocurría la invasión del Ejército francés, trayendo consigo todo género de graves transtornos á la patria. Nuestro biografiado tomó una parte muy activa, junto con los defensores de la integridad del territorio español, agregándose al Ejército de Ballesteros, habiendo asistido á la acción de Campillo de Arenas, en la cual fué prisionero y luego desterrado á Francia, de donde regresó, mediante valiosas influencias, al cabo de poco tiempo, fijando su residencia en Alicante, y en esta capital abrió bufete de Abogado, logrando alcanzar, seguidamente, sólida reputación y merecida fama entre sus comprovincianos.

Tranquilo vivía en Alicante, dedicado por completo á

los asuntos de su profesión, cuando la reaparición del Gobierno constitucional le inclinó á la política, donde alcanzaría su gloria, su legítima celebridad.

Siendo en Alicante querido y respetado de todos, nada más natural que le eligieran Diputado á Cortes, entrando, desde este instante, de lleno en la vida pública, para la cual, disposiciones tan extraordinarias poseía.

Por convicción y por temperamento profesaba, con ardiente entusiasmo, principios radicales y por todo extremo democráticos. Así entusiasmaba á la multitud que le escuchaba extasiada, cuando en sus hermosas arengas pedía libertad para la Nación española.

En todas las cuestiones políticas ejercía decisiva influencia. Por eso contribuyó, poderosamente, á la desheredación del Infante D. Carlos y de toda su descendencia; así como también se opuso, de verdad, á que continuaran rigiendo las antiguas leyes sobre mayorazgos. Él era primogénito y rechazó sus derechos, y, con ellos, las vinculaciones de su familia.

Tal conducta, harto honrada y noble para que nosotros la elogiemos, producía indescriptible entusiasmo en todo el pueblo español, y, particularmente, entre sus partidarios.

Dotado el Sr. López de un espíritu de oposición al Gobierno, ya que sus ideas y procedimientos no se avenían con aquellos retrógrados principios que regían la España, bastaba solo que dejara oír su voz en el Parlamento, para quebrantar á un Ministerio, ó hacerlo caer bajo el peso de su argumentación vigorosa y abrumadora palabra.

Tanto en la tribuna como en la prensa, combatió, sin tregua ni descanso, hasta derrotarlo, al Ministerio formado por el Conde de Toreno, sucesor del Sr. Martínez de la Rosa, en la gobernación del Estado.

Más tarde entró á formar parte del Gobierno que presidió D. José María Calatrava, encargándose de la cartera de Gobernación, precisamente cuando ardía enconada guerra civil entre liberales y absolutistas. Aquellas azarosas circunstancias no eran muy propicias, por cierto, para que el Sr. López pudiera desenvolver, desde su elevado cargo oficial, sus planes y doctrinas políticas. Sin embargo, su gestión fué acertadísima, y salió del Ministerio llevando consigo los respetos de sus subordinados, y la consideración general.

Fué nombrado después Fiscal del Tribunal Supremo de Justicia, alta misión que supo desempeñar con suma delicadeza y discreción.

Defensor acérrimo de la regencia de los *tres*, pronunció un brillantísimo discurso en las Cortes que hizo época en los fastos parlamentarios. A causa de la constante oposición que hacía á Espartero, Regente del Reino, no le permitió su exquisita susceptibilidad continuar desempeñando el cargo de Fiscal, cuya dimisión presentó, siéndole admitida.

Viendo que sus pretensiones, en cuestión de tan capital importancia, no se cumplían á favor de Argüelles, según él deseaba, se retiró de la vida activa de la política, dedicándose nuevamente al ejercicio de la Abogacía; y así hubiera seguido tranquilamente hasta el fin de sus días, á no ser por una crisis gravísima que atravesaba España, y que exigió del Sr. López el sacrificio de su paz y sosiego, y acaso de su vida, en aras de la patria.

Ocurrió entonces que habiendo encargado el Regente del Reino la formación del Gobierno á los ilustres hombres públicos Cortina y Olózaga, ninguno de ellos accedió á esta necesidad, en atención á las responsabilidades que habían de contraer y á los peligros que les amenazaban, toda vez que el país yacía envuelto en imponente algarada y constante agitación.

Arreciaba el nublado sobre el horizonte español, y no había solución alguna satisfactoria para reprimir aquel estado de cosas, hasta que López, con superior patriotismo y voluntad, aceptó la Presidencia del Consejo de Ministros, exponiéndose á las naturales consecuencias, consiguiendo que Olózaga y Cortina fueran Ministros de Estado y Gobernación, respectivamente, presentándose el nuevo Gobierno á las Cortes, donde López pronunció un elocuentísimo discurso, poniendo bien de manifiesto sus extraordinarias cualidades de orador y sus especiales dotes de estadista.

Durante la época de su mando, comenzó por conceder una amplia amnistía á todos los desterrados por delitos políticos, contribuyendo de esta manera á que cesaran muchos de los disturbios motivados por los revolucionarios; dió participación en los destinos públicos á los hombres de todos los partidos, y, por último, como acto enérgico que demostraba el caracter noble y entero de nuestro biografiado, realizó la separación de los Generales Linage y Ferraz, favoritos de Espartero, hecho que la opinión acogió con visibles muestras de satisfacción y aplauso, ya que el favoritismo ha sido siempre causa de profundas perturbaciones para los pueblos; y este acto, repetimos, de enérgica resolución, le costó el Poder, puesto que sus relaciones con Espartero fueron enfriándose de día en día, hasta que el rompimiento hízose inevitable.

La noticia de la caída del Ministerio López, llegó á producir honda sensación en el país. Las Cámaras dejaron de celebrar las sesiones, no sin que antes obtuviera el Gobierno un voto de confianza, elocuente prueba, si no hubiera otras todavía más elocuentes, de cómo la Nación se identificaba con la conducta seguida por el ilustre Presidente del Consejo, quien era objeto de aclamaciones entusiastas á su persona y á su programa.

Le sucedió en las altas esferas del Poder, Becerra, el cual no pudo reprimir la revolución que, al grito de ¡Viva López y su política! se alzaba en todos los ámbitos de España, movimiento que inició Málaga, encargándose nuevamente el Sr. López—que á la sazón permanecía escondido en Madrid, no sin haber afrontado antes los peligros de la revolución—de la formación del Gobierno que se llamó «Gobierno Provisional Revolucionario», siendo su primer acto proponer á las Cortes un decreto declarando la mayoría de edad de la Reina, proposición que fué aceptada, desde cuyo momento creyó consumada su obra en el Poder, renunciando al mismo, donde había ido impelido por aquellas, difíciles circunstancias, y, sobre todo, por su patriotismo puesto á prueba en diferentes ocasiones.

Hubo en esta última etapa de su mando, algunos motines revolucionarios, iniciados por los Generales amigos de Espartero, motines que él supo reprimir enérgicamente, los cuales dejaron bien pronto de producirse.

Su modestia rehusó las más señaladas recompensas é insignias que la Reina le ofreciera, dedicándose otra vez á la profesión de Abogado, único medio de subsistencia con que contaba.

No solo podemos hablar de D. Joaquín María López como gloria del foro y de la tribuna, sino que también merece capítulo aparte, considerándole como escritor castizo y elegante é inspirado poeta.

Sus escritos pueden dividirse en políticos, literarios y románticos. Daremos una ligera idea de sus obras, entre las cuales se cuentan la *Manifestación* que escribió en nombre del partido progresista, en Enero de 1848, con motivo de las elecciones que iban á verificarse; documento político que llamó justamente la atención por las ideas en él expuestas, ideas de libertad y gobierno, con superior criterio indicadas.

Exposición razonada, hermoso libro que contiene diversos artículos, referentes, unos, á su vida política, y otros, donde se habla de la civilización y cuestiones sociales.

Glosa á las palabras de un creyente, tarea que no pudo concluir, y que empezó entre los ecos de la revolución de 1854; son comentarios á los escritos políticos y sociales de Mr. de Lamennais.

Cuento fantástico, trabajo de pura imaginación, admirablemente dicho y mejor pensado.

Soledad y Poesía, juicio del poema *El diablo mundo*, de Espronceda.

La pintura de Esquivia, reseña oportuna del *Quijote*, estudiando á conciencia los mejores pasajes del *libro de los libros*.

Despedida de Alicante, lindísima composición donde evoca los recuerdos de su estancia en la capital, y el sentido adios que la dirige, al tornar de nuevo á la Corte.

Reflexiones á la luna, dos escritos llenos de inspiración y bellísimas imágenes.

Al mar y *La salida del sol*, hermosos cánticos á la Naturaleza.

Elisa y el extranjero, novela no terminada, por haberla comenzado en los últimos años de su vida, y que hubiera sido, á juzgar por lo que pudo conocerse, verdadera joya literaria.

Lecciones de elocuencia en general, de elocuencia forense, de elocuencia parlamentaria y de improvisación, obra sumamente util, y aceptada de texto en muchas Universidades.

El Juramento, preciosa loa que llegó á representarse con éxito y unánime aplauso.

He ahí una muestra más de la fecunda inteligencia y actividad del Sr. López. Rindió, como se ve, fervoroso culto, no solo á la política, sino también á las Artes literarias, dando á la estampa obras doctrinarias de suma utilidad, delicadas creaciones, producto de la fantasía.

Finalmente, falleció en Madrid D. Joaquín María López, á consecuencia de un cancer en la lengua, el día 14 de Noviembre de 1855, siendo el día aquél de duelo general para la madre patria.

El cadaver embalsamado fué transladado á Villena, su país natal, y en el panteón de su familia descansan los restos del inmortal tribuno.

El panteón ostenta la siguiente inscripción:

«Aquí yace el Excmo. Sr. D. Joaquín María López, orador distinguidísimo, sin pretensiones; tres veces Ministro, sin quererlo; su programa y su nombre hicieron una revolución, revolución sin sangre.—14 de Noviembre de 1855. S. L. T. L.»

El pueblo de Villena, deseando perpetuar la memoria de su ilustre hijo, y como ofrenda de admiración y recuerdo, costeó, por suscripción voluntaria, severa y artística lápida, en la cual se lee lo siguiente:

«La ciudad de Villena, al eminente tribuno excelentísimo Sr. D. Joaquín María López. Nació en esta casa el
15 de Agosto de 1798. Murió, en Madrid, el 14 de Noviembre de 1855. Recuerdo de cariño y tributo de admiración.—8 de Septiembre de 1882.»

Tal es, trazada á la ligera, la biografía de D. Joaquín
María López, cuyo nombre simboliza la libertad, y su
recuerdo es honra y gloria de nuestra provincia y de la
Nación entera.

Cipriano Bérgez Dufóo (1)

~~~

(N. 1800—M. 1875)

Si la modestia, á la par que el talento y la honradez, son prendas dignas de un recuerdo de admiración, ninguno más acreedor á estas consideraciones que nuestro biografiado D. Cipriano Bérgez y Dufóo, que, aunque nacido en Francia, le consideramos como hijo de esta ciudad, por haber venido á ella cuando apenas contaba pocos meses de edad, y por haber desempeñado importantes cargos en la misma.

Nació en Olorón, ciudad del Sud de Francia. Vicisitudes de la fortuna y negocios comerciales de sus padres, le trajeron con sus hermanos á España, donde en la Universidad de Valencia, y con notable aprovechamiento, siguió, y terminó, la carrera de Abogado, para la

---

(1) Siguen á esta biografía la de cuatro ilustres señores (que cierran este libro), y que, aunque no nacidos en Alicante, podemos considerarlos como distinguidos hijos de este pueblo, porque aquí pasaron la mayor parte de su vida, prestando á esta ciudad valiosísimos servicios y dándose á conocer por sus relevantes y extraordinarios méritos.

que, desde muy niño, demostró decidida inclinación y relevantes aptitudes. Terminada, con lucimiento, ante el claustro pleno de Profesores, su carrera, se estableció en Alicante, practicando en el estudio del respetable Letrado Sr. Jover, en donde permaneció poco tiempo, á pesar de los ruegos de dicho señor, abriendo después su bufete, en el que demostró gran inteligencia, rectitud y laboriosidad, encargándose solamente de aquellos asun- tos que, con arreglo á su conciencia y á su leal saber y entender, creía justos y dignos de defensa; así es, que contó el número de sus triunfos por los negocios que se le confiaban, siendo una especialidad en los comerciales y, particularmente, en los marítimos; pues además de los concienzudos y profundos estudios que sobre ellos había hecho, le ofrecían gran facilidad, por el conocimiento de los idiomas inglés, italiano, sueco y francés, que poseía á la perfección, en términos que, sin necesidad de intérpretes, se entendía con los Capitanes de los buques, resolviendo todas las dificultades que ofrecen las cuestiones marítimas, y, especialmente, las protestas de averías, en cuyos litigios llegó á ser una celebridad, y el único Jurisconsulto encargado de presentarlos y dilucidarlos ante los Tribunales.

Esto no excluía que en los demás pleitos contenciosos, de jurisdicción voluntaria y de índole administrativa, fuese consultado, obteniendo señalados triunfos en el foro.

En esta ocasión se le presentó un cliente de ventajosa posición social, rogándole se encargase de un pleito, cuya defensa rechazó el Sr. Bérgez, estimando que no le asistía ni la razón ni la justicia. A las pocas horas, la parte contraria, ó sea la demandada, acudió igualmente á dicho señor, suplicándole fuese su defensor, proposición que, igualmente, no aceptó nuestro biografiado, alegando para ello que el demandante había tenido la misma exigencia, y que un sentimiento de delicadeza y dignidad profesional le ponían en el caso de no encargarse de aquel negocio. Ya creía D. Cipriano verse libre de tan desagradable litigio, por ser ambas partes sus amigos y clientes, cuando vió entrar en su despacho al demandante, con la comisión de que aceptase la dirección del colitigante, pues estaría tranquilo y satisfecho, con tan leal y digno adversario, en la seguridad de que no había de transpasar los límites de lo justo y lo legítimo. Tal era la confianza que cuantos tuvieron la satisfacción de tratarle depositaban en él, conociendo su rectitud y proverbial honradez, pues las notas más salientes y culminantes de su caracter eran una imparcialidad catoniana y un ferviente culto á la justicia. Así se explican las inmensas simpatías que, como Letrado y como caballero, supo captarse en Alicante el Sr. Bérgez.

Como hombre político carecía, por su mismo caracter, de las condiciones que, desgraciadamente, caracterizan á ciertos políticos de la época, que empezaron á bullir en Alcolea, y que solo Dios sabe cómo y cuándo terminarán.

Tenía una fe inquebrantable en sus principios, y su ideal era la libertad en todas sus manifestaciones, á la que profesaba respetuosa admiración.

Era progresista de los que, para desgracia de la patria, han ido desapareciendo de la escena política. Sus arraigados é inquebrantables principios, estaban sobre toda otra consideración de convencionalismo utilitario.

Ni la más leve apostasía, ni la más pequeña vacilación, ni los grandes peligros en que jugó su cabeza, le detuvieron en su camino.

Modesto por caracter y por temperamento, nunca quiso aceptar puestos de honor y de relumbrón (permítasenos la frase), ni en su pecho ostentó jamás la más sencilla condecoración; pero si la patria ó el pueblo, al que amaba y consideraba con respeto, exigían de él el sacrificio de representarle en momentos de peligro, poníase al frente de la administración local, ó provincial, se despojaba de aquella modestia y sencillez que le caracterizaban, y, con verdadero heroísmo, afrontaba toda clase de compromisos, en bien de sus conciudadanos; así es que en 1844 le vemos Alcalde de Alicante, al lado del infortunado Bonet, cooperando á aquel levantamiento liberal, contra la opresión y tiranía del feroz Roncali, teniendo que salir de la ciudad disfrazado de marinero, protegido por aquel pueblo por quien tan gravemente acababa de comprometerse, al abortar el levantamiento, amparándose en la émigración para no ser inmolado como aquellos mártires de la libertad que pagaron con la muerte, en el Malecón de Alicante, los patrióticos propósitos de civilización y progreso... Más tarde, la Junta revolucionaria del 54, y la del 69, le llamaron á su seno, como garantía de orden, de cultura y de libertad para la patria.

El dignísimo Sr. Bérgez fué, durante su vida y en varias ocasiones, Alcalde, Teniente de Alcalde, Concejal y Síndico del Ayuntamiento de Alicante, velando constantemente por los intereses del Municipio y por la más extricta moralidad administrativa.

En el bienio del 54 al 56, fué Comandante de la Milicia Nacional, por proclamación de aquellas fuerzas ciudadanas, de que era Jefe el inolvidable Sr. Carreras.

Las evoluciones, no de los hombres, sino de los partidos políticos, condujeron al ilustre Letrado, cuando la triunfante restauración de Sagunto, al lado de don Antonio Cánovas del Castillo, con D. Antonio Campos, D. Ciro Pérez y otras respetables personalidades de esta capital y su provincia, obteniendo los cargos de Diputado provincial, de Vocal de la Comisión permanente, y, últimamente, de Vicepresidente de la misma, en cuyo cargo le sorprendió la muerte, ocasionada por una aguda pulmonía. Su fallecimiento fué unánimemente sentido, tanto en la capital como en toda la provincia, la que costeó sus exequias fúnebres, que vinieron á ser una triste y expresiva manifestación de cariño, respeto y simpatía, en representación de todas las clases sociales.

El retrato de D. Cipriano Bérgez Dufóo ocupa un lugar preferente en el salón de sesiones de la Diputación provincial, la que, con esta distinción, honra la memoria del distinguido Letrado que, en cuantas ocasiones

se le presentaron duraute su larga y brillante carrera,
supo conquistarse el verdadero afecto de todos los habitantes de su patria adoptiva. de su querida Alicante,
que hoy señala el nombre del Sr. Bérgez entre los más
preclaros de los *alicantinos ilustres.*

Patricio de Satrústegui

(N. 1829 — M. 1888)

EL 8 de Mayo de 1888, el telégrafo, con su abrumador laconismo, nos anunciaba una triste nueva: nuestro país perdía, para siempre, á uno de sus hijos más emprendedores y más dispuestos siempre á fomentar las grandes industrias en nuestra tierra: D. Patricio de Satrústegui había elevado su alma á Dios, después de ocho años de mortales sufrimientos, y bajaba al sepulcro, dejando un reguero de luz tras de su paso por el mundo, entre cuyos resplandores podía leerse esta leyenda veneranda: «*Omnia vincit labor*, todo lo vence el trabajo.»

II

¡Patricio de Satrústegui!... He ahí el nombre que debe pronunciarse con profundo respeto y descubierta la cabeza en señal de admiración.

Él nos dice lo que puede la voluntad de un hombre, sabiamente dirigida; él, lo que logra el esfuerzo humano, cuando se tiene fe en lo porvenir y sabe adivinarse un mañana expléndido, tras el horizonte más brumoso.

¿Cómo no pedir á la necrología más detallada sus mejores rasgos para levantar el nombre de Satrústegui en el pedestal glorioso que reclama? ¿Cómo no seguir, paso á paso, el curso de la vida que ya se ha extinguido, si esa vida es «la de un noble trabajador, la de un hombre sin tacha, de levantadas aspiraciones, de rectos procederes, que lega á sus hijos un nombre distinguido y una memoria que todos respetarán, porque está limpia de toda mancha?...»

Sí, esa existencia, dedicada siempre á la práctica del bien, debe merecernos el panegírico más sentido, y hemos de acompañarla desde la cuna al sepulcro, coronándola, en su jornada postrera, con el símbolo reservado para los atletas que supieron alcanzar el laurel del vencedor, en los más rudos combates.

Que atleta ha sido, en las luchas de la vida, el patriota ilustre cuyo nombre encabeza estas líneas, y atleta vencedor, digno de inmarcesibles laureles.

III

Don Patricio de Satrústegui y Bris, nació en San Sebastián, el 17 de Marzo de 1823, y cuando apenas el sol de nuestra patria había podido dar calor al recién nacido, cuando éste contaba pocos meses de edad, fué apartado del suelo español y llevado á la brumosa capital de Inglaterra. Allí el autor de sus días, víctima de las contiendas políticas que desgarraban el suelo patrio, sufría los tormentos de la emigración, y allí el tierno niño tuvo que ver discurrir sus primeros años, nutriendo su alma con los embates del infortunio y empapándose, quizás, de ese espíritu emprendedor y persistente que á los hijos de Albión distingue, para acometer y dar cima á los proyectos más atrevidos y de utilidad incontrovertible.

¡Quién sabe si ese gemido de angustia, lanzado por sus mayores en la emigración, fué el constante grito de ¡ánimo! que después repercutió en el alma de Satrústegui, para que no desmayara en sus más arriesgadas empresas!

Empezó, pues, luchando con los rigores de la vida nuestro biografiado, y luchando siguió siempre, sin que le arredrara el combate.

Doce años de edad contaba, y se embarcaba en el vapor de guerra español *Reina Gobernadora*, en calidad de intérprete, porque poseía, á la perfección, la lengua inglesa, y aunque el buque era español, se hallaba tripulado por marineros británicos; cuatro años más tarde, á los dieciseis de edad, salía para Cuba á bordo de la fragata *Carlota*, renunciando á las holguras y esparcimientos de la adolescencia, y dedicado, por completo, á crearse un porvenir, como si hubiera llegado ya á la edad de la madurez y de la reflexión, en que el hombre piensa más en lo venidero que en lo pasado.

¡Ah! siete años de eterno luchar en apartadas regiones, le habían proporcionado una posición ventajosísima, fundando una casa comercial con los señores Trevilla y Sagastume, cuando la vorágine de un incendio devastador consumió todos sus ahorros, fruto de largas privaciones y de un trabajo noble y honrado; pero Satrústegui no desmayó, ni perdió la esperanza en lo porvenir. A los Estados Unidos y á Jamaica dirigió su paso, sintiéndose fuerte para soportar los embates del infortunio; y sin que nada doblegase su voluntad de hierro, supo dedicarse al negocio de tabacos, consiguiendo, durante dos años, con prodigiosa actividad incansable, resarcirse de las pérdidas que el incendio de la casa comercial le ocasionara.

Asombra pensar de qué modo se consagraría al mejor éxito de sus empresas y operaciones mercantiles é industriales...

Y así llegó al año de su vida, cuyo recuerdo debió vivir en su mente como el más grato é imperecedero.

Fué el año 1850 aquel en que conoció y trabó amistad,

en Santiago de Cuba, con otro genio emprendedor y de levantadas aspiraciones, con el opulento naviero don Antonio López y López; y desde que se vieron frente á frente uno y otro campeón del trabajo humano, desde que pudieron transmitirse las impresiones de su alma, identificaron en una común aspiración, y el año 1857 fundaban la empresa de vapores más asombrosa, y que revela, por su poder, organización y grandes elementos, que el *non plus ultra* es una palabra vana. En 1862, los buques de la *Compañía Trasatlántica* surcaban el Occéano, siendo asombro de las casas navieras; y más tarde, Cádiz se veía dotado con el mejor dique de España, gracias al poderío de la casa *López y Compañía*, de la cual era socio y fundador Satrústegui, contribuyendo al mayor desarrollo del comercio y de la navegación, siendo conocido y respetado su nombre por doquiera, y por doquiera sembrando beneficios y dando relevantes muestras de su claro talento y actividad pasmosa (y recordemos que Alicante le debió gran parte de su vida comercial, siendo esta plaza lazo de unión entre Madrid y Marsella, gracias á sus operaciones de banca y mercantiles). Satrústegui vino á ser el brazo vigoroso que realizaba cuanto la mente concebía, y—como ha escrito uno de sus biógrafos, rindiéndole el merecido tributo de admiración—con «su práctica de los negocios y sus conocimientos superiores en todos los ramos, daba solución á las dificultades que surgían, completaba el pensamiento y lo llevaba á ejecución con una amplitud de miras, con perfeccion tal, que causaba la admiración de cuantos conocían los obstáculos, casi insuperables, que á cada momento se oponían al crecimiento, y algunas veces hasta á la misma vida de la *Trasatlántica*.

A todo atendía, todo lo sabía, en todas partes se hallaba; y escribiendo cartas por telégrafo y semejando su correspondencia á telegramas, lograba estar en todo, dirigirlo todo y saber resolver cuanto ocurría. Y, sin embargo, su modestia era tan extremada, de tal modo ocultaba su personalidad, que cuanto practicaba lo hacía á nombre y como emanación de su jefe y socio López; jamás, por concepto alguno, consintió Satrústegui en que su nombre resaltara, ni se le atribuyeran los portentos que su inteligencia y su actividad realizaban; y era que, adherido al hombre cuyo nombre llevaba la empresa, no consentía que en los actos transcendentales apareciera otro que el jefe respetado, cuya inteligencia era el centro á donde todos convergían en busca de apoyo, de dirección y de consejo.

Así logró Satrústegui su doble aspiración: contribuír á la prosperidad de la *Trasatlántica* y vivir en la gloriosa obscuridad, que tanto placía á sus modestas condiciones...

IV

Tal fué el ilustre hombre que ha bajado al sepulcro legando á sus hijos un nombre honrado y un apellido glorioso.

Condecorado con la Gran Cruz de la Orden del Mérito Naval, como premio otorgado por el Gobierno á sus relevantes servicios, sin que Satrústegui tuviera noticia alguna de tal distinción, y heredando un título nobiliario de baronía, hace cinco años, ni la condecoración ni el pergamino fueron suficientes á quebrantar la modestia con que sabía presentarse, y ni una vez sóla las insignias de su rango ornaron públicamente aquel pecho de un noble hijo del trabajo, que cifraba sus mayores timbres de gloria en los blasones de la honradez y de la virtud.

¿Qué más?...

Modelo de padres, esposo amantísimo, jefe todo cariño para sus fieles servidores, que han encanecido á su lado sin un motivo de queja siquiera, ejemplo de ciudadanos y digno continuador de la acrisolada virtud de sus mayores, Satrústegui, hasta en los menores detalles de la educación de sus hijos, supo distinguirse como pocos. De los cuatro hijos que le han sobrevivido, dos sé hallan en la más tierna edad y entregados á los cuidados de una instrucción esmeradísima; los otros dos han terminado brillantemente sus carreras de Ingenieros industriales, apartándose, por completo, de lo trillado del título de facultad literaria, para poder ser dignos émulos del nunca bien llorado autor de sus días, acometiendo las empresas de mayor utilidad práctica y de más asombrosos resultados.

El espíritu, pues, de D. Patricio de Satrústegui revive y se perpetúa, y puede aún dar cima á nuevos dilatados proyectos. ¡Tal es el deseo que formulamos ante su tumba!...

V

Después de ocho años de terrible parálisis de la mitad del cuerpo, efecto de la mortal dolencia que en 1880 le acometiera, y después de tantos y tantos días de torcedor continuo y de agudos dolores, que sufrió con la resignación de un martir y sin que el grito de desesperación saliera de su boca, D. Patricio de Satrústegui exhaló su último aliento en la capital del Principado de Cataluña, el 8 de Mayo de 1888, entregando el alma al Señor, mientras en sus labios se dibujaba la beatífica sonrisa de quien puede llegar al término de la jornada, tras de eterno luchar, sin que la más pequeña nube empañe el cielo azul de la conciencia honrada.

Como vivió, murió.

Combate incesante, ola arrolladora de contrariedades y obstáculos, peregrinación espinosa por el desierto del mundo; todo supo resistirlo aquella alma varonil, fuerte y animosa, que realizó el ideal del hombre que solo fía de sus propias fuerzas para escalar la cumbre de sus ensueños.

El nombre de D. Patricio de Satrústegui lo hemos invocado para rendirle el merecido tributo de admiración; y si hay un más allá, como debe haberlo, donde el eterno descanso logra el alma; si á otras regiones pueden llegar, desde la tierra, las bendiciones y loores perdurables que brotan del corazón, recíbalos el ilustre hijo del trabajo que, en la mansión de eterna bienandanza, habrá hallado gloriosa recompensa, y regocíjese, con ese rogocijo espiritual, su noble alma, viendo que el nombre que ha legado al mundo puede ostentar el blasón más hermoso, donde se leen estas sacratísimas palabras: *Virtud, trabajo y resignación.*

Antonio López y López

(N. 1820 — M. 1883)

EL dueño de los vapores correos de Cuba, el famoso naviero que, con escasa fortuna en su juventud, conocimos en Alicante, D. Antonio López y López, murió en su rico palacio, en el paseo de Gracia, de Barcelona.

El Sr. López tenía próximamente sesenta y tres años. Nació en Comillas (Santander) en una humilde casa, que era el único capital de sus padres, y que aun conservaba como recuerdo de sus primeros años. Dedicado al Comercio, desde su juventud, pasó á la isla de Cuba; y por su laboriosidad y honradez formó, en el departamento Oriental, un corto peculio, con el que pasó á la Habana, aumentado rápidamente, merced al gran conocimiento que tenía ya de los negocios financieros; allí contrajo matrimonio y regresó á la Península, fundando, con otros capitalistas paisanos suyos, la primera Compañía de vapores Trasatlánticos, entre la Metrópoli y las Antillas, que tan importantes servicios viene prestando.

Esta empresa fué la base de su gran fortuna, y, en época reciente, la había transformado en la Compañía General Trasatlántica.

Por sus especiales condiciones de caracter y gran conocimiento del mundo financiero, D. Antonio López llevaba con acierto la dirección de la expresada Compañía, del Banco Hispano Colonial y de la Sociedad General de Tabacos de Filipinas, teniendo, además, gran participación en la empresa del ferrocarril del Norte, en la del Noroeste y en el Crédito Mobiliario, de las que era el primer accionista y obligacionista.

En 19 de Mayo de 1864, fué agraciado con la Gran Cruz de Isabel la Católica; y como recompensa á sus servicios durante la guerra de Cuba, le fué concedido, en 1878, el título de Marqués de Comillas, al que hace pocos años se agregó la grandeza de España.

Como Senador, por derecho propio, fué á la Corte cuando la discusión del tratado de Comercio con Francia, votando en contra.

El Sr. López era en extremo modesto, y siempre se vanagloriaba de deber su fortuna (próximamente unos 600 millones) á su constante trabajo personal; podía considerársele como la primera figura mercantil de España.

Dejó un hijo y una hija casada con un distinguido Jefe de Ingenieros militares; en época reciente había experimentado la pérdida de otros dos hijos; esta desgracia le había afectado mucho. Su muerte ha sido producida por una úlcera cancerosa en el pecho.

La muerte del Marqués de Comillas fué verdaderamente sentida en Alicante, que no en balde pueden olvidarse los beneficios recibidos por él, cuando estableció sus primeros vapores, que salían de nuestro seguro puerto.

Su familia, caritativa siempre, siempre generosa, ha vivido mucho tiempo entre nosotros, siendo el sostén y amparo de muchos pobres que recibían grandes beneficios.

Don Antonio López tiene su historia, pero brillante

y magnífica, esculpida en las grandes obras que lega á la posteridad, en esas creaciones de su genio prepotente, cuya vitalidad y prestigio revelan, bien á las claras, la superior inteligencia de quien las dió vida, forma y exhuberante desarrollo. Cada una de las instituciones que formó, es un escabel de gloria; cada empresa que acometió, un título de honor, y el conjunto de todas ellas forma una corona de siemprevivas, que hará imperecedera la memoria de quien logró tejerla y ceñirla á su noble frente.

Otro que no tuviera el caracter emprendedor y tenaz que distinguía al Sr. López, se habría satisfecho con la fortuna adquirida en Cuba, y al regresar, en 1856, á la Península, hubiera buscado un descanso á sus fatigas, dejando á un lado los negocios, para gozar de sus riquezas.

Empero en el cerebro del Sr. López bullía el genio, y no era posible permaneciera inactivo quien nació para la lucha y el trabajo, y dedicó toda su iniciativa á emprender negocios de grande importancia y transcendencia.

¡Veinte años de constante trabajo, de sobresalto y de durísimas pruebas, representan esos catorce magníficos vapores, orgullo de la marina mercante nacional, que lucen en sus topes la enseña que les diera el señor López!

Empieza dando vida al *Crédito Mercantil* de Barcelona, y logra que su crédito se asiente bajo sólidas y estables bases y que alcance un desenvolvimiento tal en sus negocios, que le colocan á la altura de los más respetables de Barcelona. En una situación crítica, y cuando todos juzgaban que esta Sociedad no tenía otro camino de salvación que liquidar, un arranque del señor López, de esos que le caracterizaban y le eran peculiares, pone á salvo al *Crédito Mercantil* y le permite seguir su marcha sin dificultad alguna.

Llega á su mayor intensidad la guerra fratricida de Cuba; hay que hacer un esfuerzo supremo para salvar aquella preciada joya de España; el Gobierno no tiene recursos para conducir á la isla y sostener el numeroso Ejército que requiere lo angustioso de las circunstancias; todos vacilan, dudan y temen, sin que nadie se atreva á afrontar decidido esta crítica situación, y en tanto crece la insurrección y empieza á cundir la desconfianza de verla terminada.

Don Antonio López, empero, no se ofusca, y con su mirada de águila y gran inteligencia, comprende que todo puede salvarse si hay quienes ayuden al Gobierno en su levantada empresa. Habla con la convicción de quien está penetrado de la verdad y se adelanta á los sucesos; á su voz, las voluntades se aunan y los capitales afluyen para coadyuvar á la gran obra que proyecta el Gobierno; el imposible está vencido; Cuba se salvará.

Madrid, Barcelona y la Habana, secundan la iniciativa del Sr. López, y se crea el *Banco Hispano Colonial*, que suministra al Tesoro los 25 millones de duros que necesita para tan colosal empresa.

El mismo día de su fallecimiento, momentos antes de tenderse en el lecho, del que ya no se levantara, presidía el Sr. López á la Comisión de Filipinas, y por espacio de dos horas delineó admirablemente, fijando el caracter y consecuencias y sentando las bases de un proyecto tan util como colosal, que por sí solo bastará á conquistar la gloria de un hombre, aunque éste fuera D. Antonio López.

El ferrocarril del Noroeste debe á su iniciativa grandísimos beneficios, y en los últimos días de su vida cuidaba, con solícita preferencia, de darle un impulso extraordinario, cuyos efectos se dejarían sentir muy pronto en bien de las provincias á que á esas líneas deberán el aumento de sus transacciones y de su vida co-comercial.

Mas, ¿á qué detallar negocios, si apenas existe uno solo en España de alguna importancia, ó que afecte á intereses nacionales, que no lleve impreso el sello de la iniciativa ó del prudente y sensato consejo del Sr. López?

Recórrase su vida, estúdiense sus actos, y siempre resaltará como una nota brillante su nobilísima tendencia á reconcentrar en España todos los negocios que á su porvenir pueden afectar; quería ver á su patria desligada de la servidumbre en que la tenían los mercados extranjeros, porque conocía que aquí existían elementos bastantes para obrar con independencia, solo que esos elementos están disgregados, ó se ocultan temerorosos, y López, para quien las empresas difíciles tenían especial atracción, se había propuesto agruparlos y, todos unidos en una sola aspiración, llevarlos al desarrollo de su gigantesca concepción.

Bien sabemos que el recuerdo de López vivirá en el sentimiento público, porque nos lo prueba la dolorosa y universal sensación que su prematura muerte produció en los que · le trataron; quienes recibieron favores sin cuento de su bondadoso corazón, siempre guardarán para él el cariño de la gratitud y la memoria de sus bondades.

Benjamín Barrie

(N'. 1794 — M: 1844)

Los relevantes servicios prestados á nuestra ciudad por este ilustre finado, y las virtudes que le adornaron, nos ha inducido á escribir su biografía, siguiendo nuestros constantes propósitos de enaltecer la memoria de todos los que á la prosperidad de nuestra querida patria consagraron su inteligencia y desvelos.

Benjamín Barrie nació en la ciudad de Paisley (condado de Renfrew, en Escocia), hacia el año 1794. Sus padres, don Andrés y doña Juana, ocupaban distinguida posición; así el joven Benjamín tuvo medios para poder consagrarse á los estudios; en edad conveniente, y aun muy joven, conocía perfectamente los clásicos latinos, traducía el idioma español y no le eran desconocidas las obras maestras de la literatura italiana.

Cuando nuestro protagonista entró en la pubertad, período en la vida lleno de ilusiones y esperanzas, Napoleón había levantado, por su ambición, la justa indignación del pueblo inglés, cuyo país era el refugio de los enemigos del coloso conquistador. El joven Benjamín, siguiendo lás corrientes del entusiasmo popular, ingresó en el Ejército británico, en odio á los franceses, y para combatirlos allí donde la fortuna le colocase.

El heroísmo de los españoles había despertado en Inglaterra entusiasmo indescriptible; la batalla de Bailén probó que los batallones franceses no eran invencibles, é hizo vislumbrar la esperanza de anouadar un día el poderío que esclavizaba á Europa; legiones de ingleses pasaron á la Península á ayudar á los españoles en la tremenda cruzada, y Benjamín Barrie, cuya continua lectura de libros españoles había hecho nacer en su pecho amor intenso hacia el país clásico de la hidalguía y heroísmo, solicitó, y obtuvo, permiso para entrar al servicio de España; con autorización del Comandante general del Ejército expedicionario, se incorporó, en 7 de Mayo de 1815, al Cuerpo de Ejército de su tío el ilustre defensor de Sevilla, General Sir John Downie, que operaba en las Provincias Vascongadas, sobre las riberas del Cadagua, con el empleo de Ayudante de Campo de aquel intrépido General.

Breve, pero gloriosa, fué la permanencia de Barrie en el país de los éuskaros; hacia aquel año, los franceses, que habían devastado la Península, se replegaban en la frontera, y nuestro protagonista, con el cuerpo de que formaba parte, combatió voluntariamente al común enemigo, en los campos de Vitoria y San Marcial.

La bondad del clima de España, las costumbres de sus habitantes y su historia, impresionaron tan vivamente el ánimo del joven Barrie, que, al terminar la guerra de la Independencia, resolvió quedarse en la Península, y, en 9 de Noviembre de 1824, se incorporó al primer Regimiento de la Guardia Real.

Interin nuestro protagonista combatía en España, su consideración en el Ejército de Inglaterra avanzaba, en relación á sus merecimientos; de Abanderado ascendió á Teniente, destinándole, en 3 de Octubre de 1815, de guarnición; en 25 de Noviembre de 1816, se le declaró de reemplazo, por hallarse en la Península; en 17 de Agosto de 1818, se le destinó al cuarto Regimiento de la India Occidental; en Junio de 1819, se le concedió licencia, y en 15 de Marzo. de 1827, se le dió de baja definitivamente en el Ejército de la Gran Bretaña, por hallarse al servicio de España.

En la Guardia Real continuó sus servicios Mr. Barrie; y cuando á la muerte de Fernando VII tuvo principio la guerra civil, pasó á las Provincias Vascongadas á combatir á los esforzados éuskaros, que creían amenazadas sus libertades populares que los siglos habían respetado.

La campaña de los siete años siguió Barrie con indomable valor y constancia inquebrantable, hallándose en los primeros y más importantes hechos de armas de aquella fratricida lucha. Después del convenio de Vergara, pasó al bajo Aragón, hasta la pacificación de este país.

Barrie ascendió, grado por grado, hasta el empleo de Coronel, concediéndosele las Cruces de San Fernando, Mendigorría, San Hermenegildo, y la encomienda de la orden civil de Carlos III.

Al finalizar la guerra civil fué nombrado agregado á la Embajada de Inglaterra en Madrid, con un cargo importante, y en él demostró extensos conocimientos diplomáticos.

Los relevantes servicios prestados por Barrie le recomendaron eficazmente al Gobierno español, y, á sus indicaciones, el Gabinete de Saint James le comisionó dos veces á Tanger, en 1844, donde, en unión de otros distinguidos diplomáticos, negoció el tratado con el Imperio de Marruecos, de aquella fecha.

En 2 de Marzo de 1848, fué nombrado Consul de S. M. británica, en Alicante, y desde entonces Barrie se estableció en nuestra ciudad, considerándose como su hijo adoptivo.

Renunciamos, no de buen grado, á enumerar, uno por uno, los servicios prestados por Barrie á su patria adoptiva; público y notorio es que uo ha habido, desde el día en que en ella se instaló, empresa que aspirase al progreso de nuestra ciudad, que no contase con su cooperación, ni hubo tampoco asociación que velase por el expléndor y gloria del nombre alicantino, que no le contase en su seno.

Asimismo renunciamos á hacer apreciaciones sobre sus cualidades y virtudes personales; cuanto dijésemos sobre ésto, sería pálido bosquejo de la verdad. Barrie fué uno de los extranjeros que, tomando carta de naturaleza en nuestra ciudad, ha contribuído poderosamente con su inteligencia; con su actividad, con el ejemplo de sus virtudes, al desarrollo de su bienestar moral y al fomento de su riqueza y prosperidad.

Joaquín Fernández López

I

IGNO es, por todos conceptos, de ocupar un lugar preferente, en este libro, el nombre ilustre del Doctor D. Joaquín Fernández López, que tanto honró la Ciencia médica, y tan preclaros son los timbres de su historia, avalorados por sus naturales merecimientos y envidiables virtudes.

Su nombre, siempre unido á Alicante, exige de nosotros justo galardón á su memoria, y fervoroso tributo de admiración á su recuerdo.

II

El 14 de Mayo de 1806, vió la luz primera, en la ciudad de Requena, provincia de Valencia (antes de Cuenca), el sabio Doctor á cuya memoria dedicamos estos apuntes.

Sus padres, don Diego Fernández y doña Francisca

López, que ocupaban una posición muy distinguida, supieron rodear al pequeño Joaquín de cuantos cuidados exigía una educación esmeradísima; y cuando apenas contaba doce años de edad, lo enviaron á la capital de España, donde podía hallar medios más seguros y eficaces para crearse una instrucción sólida é ilustración nada común en aquella época de desasosiegos y turbulencias; y así pudo seguir los estudios de Latinidad y Humanidades, en las Escuelas Pías de San Fernando, en Madrid, recibiendo el grado de Bachiller en Filosofía, con gran aprovechamiento, en la célebre Universidad de Alcalá de Henares, cursando, al propio tiempo, la enseñanza especial de la Zoología en el Real Museo de Ciencias naturales de la Corte.

Fueron, pues, los primeros años de la vida de Fernández López, un continuo luchar, por nutrir su juvenil inteligencia con los conocimientos científicos más provechosos, logrando encaminar su vocación y sus más felices aptitudes por el sendero en donde más tarde había de cosechar preciados frutos, creándose un nombre tan ilustre como respetado.

La Ciencia médico-quirúrgica le atrajo con atracción irresistible; y al contar dieciseis años de edad el joven Joaquín, ya Bachiller en Filosofía, se matriculó en el Colegio de San Carlos, de Madrid, en el que cursó, y ganó, los siete años literarios, con notable aprovechamiento, obteniendo el Bachillerato en la Facultad, al terminar el sexto año, y revalidándose como Licenciado al año siguiente, en 30 de Octubre de 1829.

Tenía, pues, veintitres años don Joaquín Fernández López, cuando ceñía la toga de Doctor en Medicina y Cirugía, dando así un día de júbilo é inmensa satisfacción á sus mayores, para quienes, más que todas las riquezas que pudieran atesorar, era un título de Facultad mayor el más fundado motivo de orgullo y el blasón más ilustre.

¡Cuántas veces le hemos oído recordar al Doctor Fernández el día de regocijo que dió á sus padres con la noticia de su Licenciatura!

«Mi padre—añadía—al estrecharme entre sus brazos, harto conmovido, hubo de decirme que el título que había conseguido me apartaba del seno de la familia y me hacía deudo de toda la humanidad, á la que debía sacrificar mi vida, si preciso fuera... Nunca olvidé las palabras de aquél á quien todo se lo debía.»

Bien supo demostrar, durante su larga y provechosa vida, don Joaquín Fernández López, que recordaba, constantemente, la obligación moral contraída con su anciano padre.

Esa fué una de sus más puras satisfacciones.

¡En el cielo habrá hallado la debida recompensa!

III

Los primeros servicios facultativos del joven Doctor los prestó como Médico titular en la villa de Trillo y pueblos limítrofes, captándose las más generales simpatías, y logrando, en breve tiempo, una sólida reputación.

Por eso mismo, al transcurrir un año de desempeñar la titular que consiguiera en 1830, necesitó más anchuroso espacio donde poner á prueba sus méritos y conocimientos especiales en la honrosa profesión á que había dedicado todos sus apasionamientos, y, con efecto, á su ciudad nativa, á Requena, dirigió su vuelo; y en ella, también como Médico titular, se abrió paso, en 1831, consiguiendo clientela numerosísima, éxitos de gran nombre y estimación general, que hacía mayor su carácter modesto y desinteresado y su trato cariñoso, siempre afable y complaciente.

Pero el Doctor Fernández López había nacido, sin duda, para la lucha, para hallar siempre ante él nuevos horizontes que escudriñar, y no hubo de avenirse á continuar, durante largo tiempo, entregado á la vida, casi vegetativa, de Médico de pueblo, siquiera ese pueblo no careciera de importancia y siquiera hallase en él grandes medios de vida y la realización de cuanto apetecer pudiera, materialmente hablando.

Fernández López quería algo más que lo que en Requena hallaba: quería ver mundo, conocer costumbres nuevas, hallar obstáculos que vencer, contrariedades que sufrir, peligros que arrostrar; y nada más á propósito para ello, dada su profesión, que ingresar en las filas del Ejército.

Allí le aguardaban esas luchas, esas contrariedades, esos riesgos y esa continua actividad que apetecía... ¿Cómo resistir los naturales fogosos impulsos de una imaginación juvenil, que siempre ve un más allá tentador ante la mirada?...

IV

Como primer Ayudante, y previa oposición brillantísima, ingresó en el Ejército, en 13 de Julio de 1832, y, en solo cinco años de carrera militar, obtuvo altas distinciones y recompensas merecidísimas.

A los dos meses escasos de servicio, ó sea en 11 de Septiembre de 1832, ascendió á tercer Profesor Médico-cirujano; en 29 de Abril de 1833, era nombrado segundo por méritos de antigüedad; en 22 de Marzo de 1835, ascendía á Profesor primero, y en 28 de Mayo de 1837, recibía el nombramiento de Viceconsultor de Cirugía, por méritos de guerra, logrando las notas más distinguidas en su hoja de servicio, que, con verdadero y legítimo orgullo, mostraba en los últimos años de su vida, presentándose como veterano á quien nunca arredraban ni el fragor del combate ni las calamidades que había sabido resistir con energía y temple de héroe.

No hay más que recordar en qué ocasiones y dónde prestó sus servicios facultativos el Doctor Fernández, para aceptar nuestra última afirmación como tributo de justicia, y nunca como elogio obligado de panegírico hecho por la amistad.

Desde el hospital de Melilla pasó el Médico Fernán-

dez López al tercer batallón del Regimiento de Infantería del Infante (1832-33); de éste al segundo batallón
del Regimiento de la Princesa (1833-35), y de éste al
primero del de Valencia (1835-37); hallándose, durante
ese tiempo, bien en el Ejército del Norte, en la división
del General Oráa, á la que se incorporó en Arcos de Navarra, el 26 de Marzo de 1833, siguiendo en operaciones
de guerra, durante todo el año, y asistiendo á la acción
de las alturas de Santo Domingo (15 de Mayo), en la
retirada de Decarga (2 de Julio) y en la acción del 11
de Septiembre; bien en Salvatierra (Alava), encargado
del Hospital militar y de organizar después el especial
de coléricos, viéndose invadido por el terrible huesped
del Ganges y en grave riesgo de ser una de las vícti-
mas propiciatorias; bien sufriendo los tres sitios de la
invicta Bilbao, teniendo á su cargo, en 1835, el Hospital
de sangre establecido en Santa Mónica, y concurriendo
siempre á las diversas salidas de la plaza, que hicieron
las tropas liberales.

Tales noticias arroja la brillante hoja de servicios del
Doctor Fernández López, cuyos cinco años de vida militar, fueron tan gloriosos como accidentados.

Así satisfizo su ansia de emociones y de peligros; así
pudo acallar las aspiraciones de su alma, y así, en
1837, al ser agraciado con la dirección de los baños minerales de Lanjarón (Granada), hubo de renunciar á
nuevas fatigas de jornadas belicosas, y ya fijó todos
sus anhelos en la vida tranquila y reposada en un pequeño lugar, donde resarcirse de los últimos desasosiegos.

El Doctor Fernández López pudo conseguir también
lo que ambicionaba: en 18 de Mayo de 1838, alcanzaba,
por oposición, la plaza de Médico Director de los baños
de Busot, en la provincia de Alicante, y en 21 de Julio
del mismo año, por incompatibilidad de servicio, era
baja definitiva en el cuerpo de Sanidad militar.

Se abría, pues, una nueva etapa en su existencia.
El que antes ambicionara luchas, peligros, ancho campo
para sus aspiraciones, renunciaba á todo y buscaba

entonces paz, sosiego, vida tranquila, goces patriarcales y campestres... ¡La eterna compensación y el eterno contraste de la humana vida!... La fiebre álgida de la ambición, había remitido para el Doctor Fernández López.

Empezaba su vida nueva.

V

Cincuenta años consecutivos permaneció al frente del acreditado balneario de Busot el Doctor Fernández, logrando captarse las más generales simpatías y haciéndose acreedor á los testimonios de gratitud de cuantos visitaban aquel establecimiento.

Las mejoras, nunca interrumpidas, llevadas á cabo en el balneario; la fama que ha conseguido lograr el rico manantial de Busot; el creciente favor que el público le ha sabido dispensar y las sorprendentes curaciones en él realizadas, bien puede decirse que todo ha sido debido á la incansable iniciativa, al desvelo constante y al estudio prolijo del reputado Médico Director, que bajó al sepulcro el 16 de Febrero de 1888, ó sea á los ochenta y dos años de edad, pudiendo exclamar con el filósofo:

«Mi vida pudo sembrar en campo fertil la semilla más fructífera del bien y de la virtud... Cosechen ahora los que me siguen los frutos más preciados. La satisfacción que mi alma siente al terminar la tarea a que me dediqué, sea la más hermosa recompensa.»

¡Dichoso quien tal puede decir, al exhalar el postrimer suspiro, y feliz quien puede cerrar los ojos sin ver á su alrededor las negruras del remordimiento y los cuadros desgarradores del infortunio!

VI

A pesar de vivir en el balneario de Busot la vida tranquila y sosegada de los lugares pequeños, alejado del mundanal ruído, como ambicionaba el poeta, no se entregó á la holganza el Doctor Fernández López, y no se perdieron para la Ciencia sus años más laboriosos y su actitud siempre reconocida.

Consagraba á sus queridos enfermos los más solícitos cuidados, logrando éxitos notabilísimos en las curaciones más difíciles; pero no abandonaba tampoco sus aficiones literarias, y dotaba al mundo de la publicidad de interesantes folletos y opúsculos médicos que merecían los más generales elogios. y la aceptación más unánime.

En 1837, daba á la estampa en Madrid (imprenta de don León Amarita), dos opúsculos sobre el cólera morbo y grippe, con profundas observaciones recogidas por él en Salvatierra, mientras estuvo al frente de dicho hospital, en 1834.

En 1847, publicó nuevas interesantes y completas memorias acerca de los manantiales sulfurosos de Penáguila y Benimarfull (provincia de Alicante), señalando, con toda precisión, sus propiedades terapéuticas, y dando de ellos un concienzudo análisis químico.

En 1849, dió á luz otra Memoria de *Investigaciones hidrológicas sobre los manantiales termales de Busot*, dando á conocer propiedades hasta entonces ignoradas, y prestando, con ello, un verdadero servicio á la Ciencia médica.

Otro opúsculo médico de investigaciones hidrológicas sobre los manantiales minero-medicinales en la ciudad de Requena, dió á la estampa, en 1851 (imprenta de don Benito Monfort); y, en 1855, publicó, en Alicante (imprenta de don Pedro Ibarra), un folleto de *Investigaciones médico-filosóficas sobre el cólera morbo asiático*, que le valió las felicitaciones más sinceras y los elogios más merecidos.

Continuó, en 1858, 1861 y 1862, dando á la publicidad completas Memorias sobre investigaciones hidrológicas de distintos manantiales; y ora las termas del monte *Cabesó de oro*, de Busot; ora las *Salinetas*, de Novelda, y el *Charco amargo*, de Monovar (provincia de Alicante); ora los manantiales de Lanjarón (Granada), fueron objeto del estudio más detenido, y las más científicas disertaciones, acerca de ellos, merecieron las alabanzas de propios y extraños.

Por último, ya casi sexagenario, no queriendo rendirse aún al peso de los años y dando señales de facundia poderosa y actividad incausable, publicó, en Alicante, 1863 (imprenta de Ibarra), un tratado de las enfermedades de los ojos, que logró general acogida y que acabó de cimentar su sólida reputación, creándole un nombre ilustre en el mundo de la Ciencia.

Aparte de esas obras, otras muchas dejó inéditas y preparadas para la publicidad... ¿Qué mucho, pues, que hoy la Fama haga justicia á los merecimientos del Doctor Fernández López, dedicándole el galardón que la inmortalidad concede á sus predilectos hijos?...

VII

Don Joaquín Fernández López, Médico militar, Director de establecimientos balnearios, publicista, condecorado con las distinciones más honrosas, corresponsal de la Real Academia de Medicina y Cirugía de Cádiz, de los Institutos Médicos de Madrid y Alicante, colaborador de «El Siglo Médico», fundador del Monte Pío facultativo y socio de gran número de corporaciones científicas; al bajar á la tumba en 16 de Febrero del año 1888, contando ochenta y dos de edad, dejó escrito, con el recuerdo de su brillante historia, el epitafio que debe ostentar la marmórea piedra de su sepulcro:

«Cumplió como bueno, y solo pudo recoger palabras de gratitud y testimonios de simpatía... No tuvo enemigos... A su tumba solo llegan bendiciones y lágrimas...»

¿Qué otra leyenda más hermosa puede ambicionar, para resumen necrológico, el varón más ilustre y respetado?

¡Descanse en paz!

Su historia nos inspiró las más sentidas frases que

á. la memoria del ilustre Doctor hemos dedicado, y estos *apuntes necrológicos* llevan el merecido tributo de admiración y de cariño, que ha de ser imperecedero, como perdurable es la vida inmortal que alcanza el espíritu.

Vicente Rodes Aries

(N. 1791—M. 1858)

EL cuarto Centenario de la Santa Faz, celebrado ha poco tiempo en esta capital, nos ha proporcionado el conocer una extensa biografía de don Vicente Rodes, leída en las Casas Consistoriales por don Antonio Michel, y escrita magistralmente por el señor Pirozzini, biografía que empieza con una descripción bellísima de la historia patria de nuestra hermosa ciudad, y siguen períodos grandilocuentes, detallando los méritos de nuestro biografiado, que quisiéramos transladar á este modesto libro; pero el haber llegado tarde á nuestras manos todos los datos relacionados con la vida artística de D. Vicente Rodes, no nos da más espacio que para reseñar, á la lijera, sus brillantes campañas, y poner de manifiesto cómo adquirió fama y renombre el ilustre pintor alicantino, Director, en 1850, de la Academia de Bellas Artes de Barcelona.

Natural de la ciudad de Alicante, empezó, á la edad de doce años, sus estudios de Bellas Artes, en la Escuela de dibujo de la misma, distinguiéndose, bien pronto, desde sus primeros ensayos.

Obtenidos, todos sin excepción, los premios establecidos en aquella Escuela, hasta la copia del antiguo, fué pensionado por el Real Consulado alicantino, con aprobación de S. M., para seguir la carrera en la Real Academia de San Carlos, de Valencia. En ella pudo distinguirse por sus relevantes disposiciones, y en tan alto grado que, á pesar de no contar más que dieciocho años de edad, en 6 de Abril de 1809, la Suprema Junta Gubernativa Central del Reino, desde Sevilla, le expidió el nombramiento de Director interino, con opción á la vacante, de la Academia de Alicante, en atención á la quebrantada salud del propietario D. Vicente Suárez y Órdóñez.

Con este nombramiento pasó á dirigir la Academia que se le había confiado, hasta tanto que, restablecido el Sr. Suárez, regresó á Valencia para continuar sus estudios en la de San Carlos, en donde obtuvo todos los premios, tanto los generales como los anuales, de composición; y examinado, se le expidió el diploma, en 6 de Agosto de 1815, para ejercer libremente el arte de la pintura.

En 17 de Julio de 1817, la misma Academia de San Carlos lo prohijó, nombrándole Académico supernumerario y Académico de mérito en la clase de pintura, en 11 de Febrero de 1818.

Continuó ejerciendo su noble profesión con acierto y aplauso en Valencia, hasta que, en 1820, fué llamado á Barcelona para encargarle algunas obras y, en particular, el retrato del Excmo. Sr. Conde de Santa Clara, de cuerpo entero, cuyo lienzo era de 15 palmos de dimensión. Las muestras del favor público que recibió en la capital del Principado, indujéronle á fijar en ella su residencia, y, más tarde, á solicitar una vacante que había en la Escuela de Nobles Artes de la Junta de Comercio de aquella ciudad, y, en su consecuencia, en 12 de Noviembre de 1834, fué por ella nombrado Profesor de la clase de colorido y composición, y al mismo tiempo de la corrección del antiguo y natural, con la inspección de todas las clases de principios, obligándole á presentar un cuadro de composición que, por orden de la ilustre Junta, fué expuesto públicamente por quince días, y después colocado en la Galería de la Academia, en donde hoy figura, con otra de sus obras (el retrato de Pampeny).

La misma Junta se encargó, en las primeras vacaciones, que se ocupase en formar un curso elemental de dibujo de la figura humana, para que pudiese seguirse un sistema general, lo que llevó á cabo; pero por la premura del tiempo, tuvo que ejecutarlo directamente sobre la piedra litográfica, imprimiéndose enseguida unos dos mil ejemplares, que comprenden desde las primeras figuras geométricas hasta manos y piés y algunas cabezas, sacado todo del antiguo, originales que, en el día, aun sirven de modelo en dicha Academia. Á principios del curso de 1853, presentó á ésta, para mejorar los que había, trescientos originales del curso elemental, que comprende desde las líneas geométricas, principios de perfil de la figura humana, hasta sombra, ejecutados por él mismo y mejorando los que ya había presentado en otra faena, que, aprobados en Junta de Profesores, fueron admitidos y colocados por la Academia, y rigen en el día.

Habiendo enfermado el Director de las Escuelas de que formaba parte Rodes, la Junta de Comercio le encargó la Dirección interina en 11 de Abril de 1837, nombrándole Vicedirector general con opción á la vacante, en 6 de Abril de 1839, y Director general, en 4 de Mayo de 1840, cargo que.desempeñó sin nota y con general aplauso, y en el que fué confirmado por S. M., en 29 de Julio de 1850, cuando se creó la Academia de Bellas Artes de Barcelona, y se la separó de la dependencia de la Junta de Comercio.

Desempeñando este honroso cargo, murió en 24 de Enero de 1858, dejando verdadero duelo en el corazón de las personas que habían frecuentado su fino trato, y un hueco, difícil de llenar, entre los que ennoblecieron, durante aquel período, las Bellas Artes.

Su reputación de artista estaba bien cimentada y era

reconocida sin excepción; así que la Academia de San Luís de Zaragoza, en 3 de Agosto de 1845, se honró nombrándole Académico de mérito en la pintura; y, en el Principado, no ha habido Sociedad apenas en que no se le nombrase individuo de ella, sin siquiera solicitarlo. Formó parte de la Sociedad de Fomento de la Ilustración; de la Academia Nacional de Ciencias Naturales y Artes, de Barcelona; de la Sociedad Económica Barcelonesa de Amigos del País; de la Sociedad Filarmónica, de dicha ciudad; de la de Fomento de Educación, de Tarragona, y de la Patriótica del Fomento de la Ilustración, de Reus.

Sus conocimientos especiales, no solo en la pintura, la música y la mecánica, de la que era gran entusiasta, hasta el extremo de haber construido él mismo varias máquinas, hacíanle un lugar en todas partes.

Su reputación como retratista ha rayado muy alta, y no había notabilidad alguna que permaneciera por algún tiempo en Barcelona, que no desease ser retratado por Rodes; entre otros, y por encargo del excelentísimo Ayuntamiento de Barcelona, y para colocarlo en las Casas Consistoriales, pintó, al óleo, el del entonces Capitán general del Principado, D. Ramón de La Rocha, de cuerpo entero y de tamaño natural, y el de la célebre Duquesa de Frías, también de cuerpo entero y tamaño natural.

Distinguiose también como miniaturista; entre otras miniaturas, hizo varias veces el de la citada Duquesa, que le dispensaba fraternal amistad. Pero en lo que más se distinguió, y con lo que ha legado á su familia, á más de un nombre envidiable, un rico tesoro, ha sido en los retratos bosquejados al pastel, donde son de admirar la exacta semejanza y la valentía del colorido: S. M. el Rey D. Fernando VII, el Conde de Santa Clara, Castaños, el Conde de España, Mina, Riego, Concha (M), el Rdo. Obispo San Martín, George, Dubleses, Campeny, la Marquesa de Alfarrás, y otros y otros personajes, figuran en aquella Galería, y otros más figurarían si sus borradores se hubiesen conservado.

.El lector juzgará con nosotros cuán digno de imperecedero recuerdo es el nombre de D. Vicente Rodes Aries, y cómo ese recuerdo, que justamente le tributamos, vivirá siempre en la mente de todo alicantino amante de las glorias de su patria, y por ende, de las ilustres personalidades que las representan.

ALICANTINOS CÉLEBRES

IN orden hemos ido colocando á nuestros biografiados, por la imposibilidad de recoger á tiempo datos y noticias ofrecidos que, en espera de ellos, nos hubieran hecho retardar la tirada de este libro, que es posible tenga su segunda parte, si adquirimos apuntes pedidos de algunas notabilidades en la milicia, en religión, en virtudes y en las Ciencias, que han nacido en nuestra provincia, y que á continuación señalamos suscintamente:

FR. ANTONIO DE ALICANTE.—Religioso capuchino, que tomó el hábito en Valencia, en el año 1607, y cuya ciudad pretende atribuírse la honra de ser su patria. Escribió diferentes obras históricas, místicas y reglamentarias de su orden, y de ellas, se conservan archivados todavía algunos originales. Era, además, gran pendolista.

FR. GERÓNIMO DE ALICANTE.—Virtuoso y sabio sacerdote alicantino, que nació en el siglo XVI. Profesó en Sevilla, y cuya obra principal, *Grandezas de España*, después de mil contrariedades nacidas de la intolerancia religiosa de la época, se imprimió al fin furtivamente en dicha ciudad, en 1646.

JOSÉ APARICIO.—Famoso pintor, discípulo del no

ménos célebre David; Académico de mérito de la de San Lucas, en Roma, y Director, después, de la Nacional de San Fernando, en Madrid, donde falleció, en 1838, á la avanzada edad de setenta y cinco años, por haber nacido en 1773. Son obra suya, entre otras, los tres cuadros existentes en el Museo Nacional de pinturas, titulados: *Rescate de cautivos, Glorias de España* y *El hambre en Madrid.*

FR. NICOLÁS DE JESÚS BELANDO.—Religioso franciscáno descalzo, de reconocidas prendas morales y de un talento poco común. Su obra tan recomendable *Historia civil de España*, fué intervenida por un calificador del Santo Oficio, aunque no condenada, como se ha pretendido, una vez aceptada por su autor cierta enmienda concerniente, más bien que á la religión, á la política de su época.

MOSEN VICENTE BENDICHO.—Deán de la Colegiata de San Nicolás y autor de una voluminosa Crónica manuscrita de Alicante, verdadero testimonio de perseverancia y de apasionado estudio, aun en medio de sus formas difusas y de otros defectos propios, más bien que de la voluntad del autor, de un excesivo amor patrio y del entusiasmo. Este grande hablista, cuyos datos biográficos no esclarecen la fecha de su nacimiento ni la de su muerte, sólo podemos decir que vivió en el siglo XVI.

PEDRO JUAN MORALES BERENGUER.—Teólogo y escritor célebre y uno de los más temibles silogistas del siglo XVII, en que floreció, ignorándose la fecha de su muerte. Fué Cura coadjutor en la ciudad de Jijona; y entre sus demás obras y opúsculos, la titulada *Explicación universal de los misterios de nuestra fe cristiana*, se recibió con verdadero entusiasmo, mereciendo los plácemes autógrafos de varias eminencias del clero.

JACINTO CEBRIÁN DE LA FE.—Médico célebre converso, oriundo de Argel é hijo de padres israelitas, sacrificados al odio de la intolerancia religiosa. Alicante le patrocinó, haciéndole su hijo adoptivo, desde su conversión forzada, para sustraerse á la trágica muerte de sus padres. Consagrado gratuítamente á la práctica de la Medicina, con una asiduidad generosa, durante la peste negra que afligió á la ciudad, en 1559, se le pagó con la más fiera ingratitud, pues delatado de prevaricación, fué muerto á pedradas por las turbas fanáticas, alentadas inhumanamente por cierto individuo del clero, celoso de su fama y de sus virtudes.

FR. SEBASTIÁN GARCÍA.—Célebre polígota, filósofo, orador y teólogo, Doctor en ambos derechos, y de cuyas producciones literarias, perdidas para las Ciencias, solo restan algunos fragmentos que dan idea de su gran mérito. Perteneció á la orden de San Agustín.

FR. PEDRO JUAN SARAGOSÁ DE HEREDIA.— Religioso dominico de ejemplar virtud y de un talento esclarecido. Fundó en Alicante un convento de su orden, y aunque son contradictorias las fechas de su nacimiento y de su muerte, sabemos, con certeza, que figuraba hacia el primer tercio del siglo XVII.

CONDE DE LUMIARES.—Anticuario y erudito, versado en la etnografía, numismática, epigrafía y demás ramos de arqueología sagrada y profana, con sus derivados. Hay quien afirma que no fué Alicante su patria, sino Valencia. Nació en 1741, y murió en 1808.

SOR ÚRSULA MICAELA MORATA.—Religiosa capuchina, fundadora del convento de su orden en Alicante, y señora de gran virtud y de altas prendas. Murió á una edad bastante avanzada, en 1703, y entre sus papeles se hallaron algunas poesías místicas y una glosa parafrástica en lemosín, sobre el himno *Áve Maris Stella.*

IGNASIO PÉREZ DE SARRIÓ Y PALAVICINO.— Marqués de Algorfa y señor de Formentera, verdadera notabilidad científica particularmente, en astronomía y numismática. Nació en 1715, y falleció en 1806.

MIQUEL DEL REAL.—Uno de los Arquitectos que trabajaron en las obras de la Colegiata de San Nicolás, y que, en unión de Pedro Juan Guillén, dió término á la fábrica de la iglesia, en 1662, cuya inauguración, sin embargo, no pudo ver éste, que falleció en los últimos días de la obra. No hay datos fijos sobre su nacimiento y su muerte.

FR. FRANCISCO RODRIGO.—Orador, filósofo y teólogo, Profesor de Derecho *in utroque*; famoso literato y versificador. Vistió el hábito de Loyola, y falleció en 1738, de hipocondría, ese accidente propio de los grandes génios.

SOR MARGARITA RODRÍGUEZ.—Apellidada en el claustro del Espíritu Santo. Monja carmelita descalza; modelo de precocidad y de talento, verdadero fenómeno, sobre todo, en su sexo. Su vida fué breve, como no podía dejar de serlo, y falleció de una congestión sanguínea al cerebro, en 1719, según unos, ó en 1723, según otros, como es más probable.

FRANCISCO JAVIER ROVIRA.—Jefe de Escuadra y Teniente general de la Armada, profundo matemático, autor de una obra de táctica militar marítima, y una verdadera gloria militar de su época. Murió en 1828.

CESAR SCORCIA.—Gran Jurisconsulto y redactor de una grande obra cronológica sobre los anales de Aragón, que no pudo ver terminada ni dada á luz, por haber fallecido. No puede precisarse, con seguridad, la fecha de su nacimiento y muerte.

FR. JACINTO SEGURA.—Religioso de Sto. Domingo y Profesor de idiomas, de Ética y de disciplina eclesiástica. Apellidáronle, en su tiempo, el *Sabio*, cuyo calificativo justificaron cumplidamente sus obras, en su mayor parte perdidas. Murió hacia mediados del siglo último.

ROGER DE SENABRE y su hermano ARTAL.—Gémelos, doble personalidad fecunda en rasgos de heroicidad temeraria, puesta al servicio de la voluntad omnímoda de don Pedro I de Castilla, en la época del arribo de la Escuadra de éste á las aguas de Guardamar, la antigua Alone, en 1358. Su vida fué un tejido de hazañas; de que se hicieron eco los trovadores coetáneos de su siglo. Nacieron en 1334, y murieron, ambos de muerte natural, prisioneros de don Enrique de Trastamara, en un mismo día, cuya fecha no precisa la Historia.

IGNACIO MIQUEL Y RUBERT.—Abogado distinguido. Nació en Villajoyosa. Autor de notables reseñas
del Ilustre Colegio de Abogados, de Madrid, y de *Comentarios á la Ley de Enjuiciamiento civil*. Publicó un
*Manual completo de desamortización civil y administra-
tiva* y una *Colección de Jurisprudencia administrativa*.
Gozó de reputación por su aplicación reconocida y sus
grandes prendas de carácter.

JOSÉ GISBERT VILAPLANA.—Nació en Alcoy, el
día 10 de Noviembre de 1783. Estudió Filosofía en la
Universidad de Valencia, con notable aprovechamiento
y obteniendo las mejores calificaciones. Cursó, también,
la Teología, mostrando gran afición á esta Ciencia,
mereciendo ser nombrado Catedrático de Filosofía, del
Seminario de San Fulgencio, de Murcia, con fecha 15
de Noviembre de 1804. Prestó grandes é importantes
servicios á la Nación, dada la amistad que adquirió con
el Excmo. Sr. D. Martín de Garay, Ministro que fué de
Estado, y con el célebre Conde de Floridablanca.

Estudió la carrera de Leyes, graduándose de Abogado
el 17 de Junio de 1816. En Septiembre del mismo año
desempeñó el cargo de Secretario del Ayuntamiento de
Alcoy. Ejerció, además, los cargos de Juez de Alcira,
en 1821; Gobernador civil de Albacete, desde 1834 al
36; Diputado á Cortes por la provincia de Alicante, en
1836; en el mismo año fué nombrado Ministro de la Audiencia de Zaragoza, permutando esta plaza por la de
Fiscal de la Audiencia de Albacete, en 1839; Magis-
trado de la Audiencia de Valencia y Presidente de la
Sala tercera de dicha Audiencia, en 1845.

Murió, en Valencia, el 16 de Junio de 1861, á los setenta y ocho años de edad.

Estos ligerísimos datos dan una concisa idea de los
muchos méritos que poseía don Jorge Gisbert, y solo
añadiremos que este ilustre hijo de Alcoy, ejerció siempre, con acierto y probada honradez, todos los cargos
que se le confirieron.

Dejó escrita una obra titulada *Notas á las instituciones del Derecho canónico de Domingo Cavallario*, orde-

nados por... Madrid, 1838; imprenta de D. José María Republes.

JOSÉ CARRATALÁ.—Natural de Alicante. General valeroso y Ministro de la Guerra.

FELIX BERENGUER DE MARQUINA.—Nacido en Alicante el año 1833; General de la Real Armada, Gobernador y Capitán general de Filipinas, y Virey de Nueva España. Falleció en 1826.

JOSÉ LAPLANA.—Hijo de Muchamiel. Fué Catedrático de Retórica, en el Colegio de San Miguel; Arcediano de Lerma y Obispo de Tarazona, en 1766.

VICENTE TORREGROSA.—Natural de San Vicente; Capitán de Artillería que disparó el primer cañonazo, desde el castillo de Santa Bárbara, contra el Ejército del Mariscal Suchet.

FR. FRANCISCO GUIJARRO.—Nació en Villafranqueza; fue un nombrado Teólogo, y dejó escritas varias obras, entre ellas, la titulada *Buen uso de la Teología moral*, en cuatro tomos. Murió, en Valencia, en 1812.

VICENTE CARBONELL.—Nació en Alcoy, siendo uno de los más notables escritores de la provincia. Murió en 1666.

PEDRO FERRIZ.—Fué uno de los más ilustres hijos de Denia. Brilló en la carrera eclesiástica, llegando á ser Obispo y Cardenal. El Papa Pío II le confirió misiones de gran importancia, lo mismo que Sixto IV. Finó en Diciembre de 1478.

JUAN ESTEVE.—Hijo de Denia. Varón de grandes virtudes y extraordinaria ciencia. Fué Obispo en Valencia.

JOSÉ MIRALLES GUMIEL. –Nació en Elche. Catedrático en Valencia y Oidor de su Real Academia. Era Marqués de la Torre de Corrus. Murió en 1808.

FR. JAIME TORRES.—Hijo también de Elche, y uno de los escritores más renombrados de su época, reputado como excelente poeta. Falleció en 1549.

FELIX RICO.—Célebre hijo de Castalla. Varón de grandes virtudes; brilló en la carrera eclesiástica, siendo Obispo de Barcelona. Nació en 1733 y falleció en 1799.

FR. JUAN RICO VIDAL.—Distinguido patriota, nacido en Monovar. Hombre de elocuencia suma, que llegó en muchas ocasiones á entusiasmar al pueblo con sus discursos. Nació en 1773.

MANUEL PÉREZ VERDÚ.—Célebre matemático, Director que fué del Observatorio astronómico de Madrid. Nació en Monovar el año 1813 y murió en 1850.

PABLO FERRÁNDIZ BENDICHO.—Natural de Novelda. Distinguido Abogado que llegó, por su esclarecido talento, á ser Consejero de Estado.

ANDRÉS VISEDO.—Hijo de Agost. Desempeñó el cargo de Gobernador civil de la provincia de Alicante.

JOSÉ SORIA ALBEROLA.—Nacido en la villa de Monforte. Médico de Cámara de don Carlos IV y doña María Luisa, y de don Fernando VII.

BONIFACIO AMORÓS Y OROZCO.—Célebre Abogado. Desempeñó importantes cargos públicos y floreció en 1858.

LUIS GOMES.—Nació en Orihuela, en 1848. Fué Obispo de Sarmo, en el reino de Nápoles. Finó en 1550.

FERNANDO DE LOACES.—Nacido en Orihuela, en 1568. Arzobispo de Valencia y Patriarca de Antioquía. Jurisconsulto célebre, y fundador del convento de Santo Domingo.

ANASTASIO VIVES DE ROCAMORA.—Hijo de Orihuela. Escritor distinguido y Obispo de Segorbe. Murió en 1664.

JUAN ROCA DE TOGORES.—Escritor de fama. Hijo de Orihuela; escribió la descripción de su huerta, con dos planos de aquella feraz comarca. Murió en 1829.

GASPAR DE PEDRO.—Natural de Villena. Intrépido marino que peleó como valiente contra los árabes, encontrando su fin en un combate naval, ocurrido en 1575.

FR. LEONARDO MIGUEL.—Nacido en Villena. Doctor en Teología. Rector del Colegio de San Pedro Nolasco, y escritor de reconocido mérito. Finó en 25 de Diciembre de 1737.

—o(FIN)o—

ÍNDICE

Lightning Source UK Ltd.
Milton Keynes UK
UKHW022256291118
333191UK00011B/1049/P

9 780259 059028